Abelardo

Marcos Rossini

Abelardo

DIREÇÃO EDITORIAL:
Marlos Aurélio

COPIDESQUE E REVISÃO:
Leo Agapejev de Andrade

CONSELHO EDITORIAL:
Avelino Grassi
Fábio E. R. Silva
Márcio Fabri dos Anjos
Mauro Vilela

DIAGRAMAÇÃO:
Tatiana Alleoni Crivellari

CAPA:
Tatiane Santos de Oliveira

TRADUÇÃO:
Alessandra Siedschlag

Título original: *Abelardo*
© Editrice La Scuola, 2015
Via Antonio Gramsci, 26
Brescia (Italia)
ISBN: 978-88-350-3618-0

Todos os direitos em língua portuguesa, para o Brasil, reservados à Editora Ideias & Letras, 2016.

1ª impressão

Rua Tanabi, 56 – Água Branca
Cep: 05002-010 – São Paulo/SP
(11) 3675-1319 (11) 3862-4831
Televendas: 0800 777 6004
vendas@ideiaseletras.com.br
www.ideiaseletras.com.br

**Dados Internacionais de Catalogação na Publicação (CIP)
(Câmara Brasileira do Livro, SP, Brasil)**

Abelardo / Marco Rossini;
[tradução Alessandra Siedschlag]
São Paulo: Ideias & Letras, 2016
Série Pensamento Dinâmico

ISBN 978-85-5580-019-1

1. Abelardo – Biografia histórica 2. Filosofia medieval
3. Heloísa – Biografia histórica 4. Teologia medieval
I. Título. II. Série.

16-06084   CDD-189

Índice para catálogo sistemático:
1. Abelardo: Filosofia medieval   189

*para Mariagrazia
e Giovanni*

Sumário

I. Biografia |9

II. Heloísa |19

1. *Verba pro rebus*: Heloísa, a linguagem e o amor |25
2. *Efficientis affectus*: Heloísa, a culpa e a inocência |29

III. Análise das obras |33

1. Lógica e gnoseologia |35
    1.1 As obras lógicas |36
    1.2 O significado geral da lógica |37
    e a defesa da ciência
    1.3 A *significatio* dos termos |41
    1.4 A *significatio* dos termos universais |44
    1.5 O significado da proposição e a *argumentatio* |55
    1.6 Uma estrutura para conhecer |60

2. Ética |68
    2.1 *Scito te ipsum (Ethica)* |68
    2.2 *Dialogus inter philosophum, iudaeum* |88
    et christianum (Collationes)

3. Teologia |106
    3.1. O projeto teológico abelardiano |107
    3.2. *Theologia "Summi boni"*: a matriz da teologia |109

3.3. *Theologia "Scholarium"*: |132
o último desenvolvimento da busca abelardiana

3.4. *Sic et non*: um "livreto" teológico original |146

IV. Conceitos-chave |153

V. História da recensão |165

1. A condenação |167
2. Os estudos modernos e contemporâneos |175
3. Problemas abertos: uma linha de pesquisa |193
no sistema abelardiano

   3.1 Ética e teologia: a fragilidade |193
da intenção desreificante

   3.2 O problema Heloísa: o Diabo e Judas |199

Referências |207

Índice Onomástico |223

I.
Biografia

> *[...] the desire of fame
> and love of truth and all
> that makes a man [...].*
>
> Alfred Tennyson

Abelardo nasce em Le Pallet (*Palatium*), na Bretanha, perto de Nantes, em 1079; seu pai, Berengário (que, mesmo sendo um homem das armas, dedicava-se às letras), manda-o estudar, e assim ele frequenta as escolas de Tours e Loche. Naqueles anos, sua formação se desenvolve em torno das disciplinas do *trivium* (Gramática, Retórica, Dialética); segue as aulas de Roscellino,[1] que o levam a uma interpretação dos textos da lógica antiga como discussão sobre termos e não sobre coisas. Em 1101, está em Paris, na escola de Guilherme de Champeaux, mestre muito conhecido na época; logo, todavia, o relacionamento entre mestre e discípulo, ótimo no começo, torna-se muito tenso devido a evidentes divergências de opiniões. Abelardo, em 1102, abandona as aulas de Guilherme e abre uma escola própria de Dialética em Melun, e logo em seguida em Corbeil, mais perto de Paris. Depois de pouco tempo, é obrigado a voltar

---

1   Em uma polêmica carta sua contra Abelardo, o próprio Roscellino define-se como "mestre de nome e de fato"; *cf.* ROSCELLINO. Lettera ad Abelardo, *in* PARODI, M.; ROSSINI, M. (Ed.). *Fra le due rupi. La logica della trinità nella discussione tra Roscellino, Anselmo e Abelardo*. Milão: Unicopli, 2000, p. 68.

à Bretanha por causa de uma doença, que ele mesmo admitiu ser devido "ao empenho excessivo nos estudos".[2] Em 1108, retorna a Paris para frequentar novamente as aulas de Guilherme de Champeaux e, durante as discussões, em que age como se fossem batalhas, obriga-o "com a força de minhas razões que eram evidentíssimas, primeiro a modificar e depois a abandonar a sua velha teoria sobre os universais";[3] em seguida à desavença com o mestre, abandona novamente Paris e se restabelece em Melun. É a este período que deve remontar a redação definitiva de *Glosas menores* (*Editio super Porphyrium, Glossae in categorias, Editio super Aristotelem De interpretatione, De divisionibus*). Em 1110, depois de Guilherme abandonar Paris, Abelardo funda uma nova escola na vizinhança imediata à cidade, mas fora de seus muros, na colina de Sainte-Geneviève, "como se estivesse na iminência de assediar aquele que tinha ocupado meu lugar",[4] ocupando a cátedra do antigo mestre, anteriormente confiada, mesmo que por poucos dias, a Abelardo.

Em 1113, depois de uma breve estada na Bretanha, devido à conversão dos pais à vida monástica, frequenta em Léon as aulas de teologia do mestre Anselmo, que já tinha muita fama. Todavia, neste caso também a relação rapidamente se transforma em conflito aberto por conta da insatisfação demonstrada por Abelardo em relação ao método de ensino de Anselmo:

---
2 Abelardo, Historia calamitatum mearum, *in* SCERBANENCO, C. (Ed.). *Abelardo, Lettere di Abelardo e Eloisa*. Milão: Rizzoli, 2002, p. 42.
3 *Ibidem*.
4 *Ibid.*, p. 44.

> era muito hábil com as palavras, mas incapaz de analisar os significados, e suas razões eram vazias. Quando acendia o fogo, enchia a casa de fumaça, e nenhuma luz a clareava novamente.[5]

Abelardo começa a desertar das aulas; quando seus companheiros pedem que exprima seu próprio pensamento sobre o estudo dos livros sagrados, manifesta o estupor com o fato de que, para as

> pessoas cultas, os escritos e as glosas dos Padres não eram suficientes para compreender os comentários escritos por aqueles antigos mestres; mas eram suficientes a ponto de não desejarem nenhum outro ensinamento.[6]

Desafiado pelos companheiros a mostrar a eficácia desse novo método, compõe em pouco tempo uma série de aulas sobre uma passagem obscura do profeta Ezequiel,[7] colocando-se à prova com um dos textos mais complexos do Antigo Testamento e obtendo, em sua opinião, um grande sucesso.

A partir de 1114, obtida a cátedra em Notre Dame, Abelardo, já um dos mestres mais conhecidos de sua época, dá cursos de Teologia e Dialética; naqueles anos, provavelmente em 1116, conhece Heloísa, então com 16 anos, e o tio dela, Fulberto, cônego de Notre Dame, dá-lhe permissão para que se ocupe da instrução de Heloísa. A história de amor entre os dois se concluirá dramaticamente, com a entrada de ambos

---
5 *Ibid.*, p. 46.
6 *Ibid.*, p. 47.
7 A *Expositio in Hezechielem prophetam* foi perdida.

para o convento:[8] Heloísa em Argenteuil e Abelardo na abadia de Saint-Denis, onde poderá continuar a ensinar. A composição da *Logica "Ingredientibus"* remonta a este período – e é bastante provável que uma parte da *Dialectica* também.

Em 1120, depois de um desencontro com os monges de Saint-Denis, Abelardo se muda para um eremitério dependente da abadia, onde continua seus ensinamentos e completa a exposição de sua primeira obra teológica dedicada à unidade e à trindade de Deus: *Theologia "Summi boni"*. Em 1121, o sínodo de Soisson, oportunamente convocado, "sem qualquer exame das acusações",[9] condena a obra, obrigando a que o próprio autor a jogue no fogo. Abelardo, depois de um breve período de detenção na abadia de São Medardo, retorna a Saint-Denis; são deste período a primeira redação de *Sic et non* e o início da ampliação da obra teológica condenada, que levará à transformação da *Theologia "Summi boni"* em *Theologia christiana*.

Em 1123, após mais um conflito com os monges de Saint-Denis, funda, na paróquia de Quincey, perto de Nogent-sur-Seine (na diocese de Troyes), o oratório do Paracleto, onde, levado pela necessidade econômica causada pela "intolerável miséria"[10] em que se encontra, retoma o ensinamento, atraindo discípulos de todas as partes da França; conclui a

---
8 Para a reconstrução de toda a história, veja o segundo capítulo: *Heloísa*.
9 *Ibid.*, p. 72.
10 *Ibid.*, p. 81.

Logica "Nostrorum" e novas redações de *Sic et non* e da *Theologia christiana*. Entre 1125 e 1126, compõe as *Collationes* ou *Dialogus inter philosophum, iudaeum et christianum*[11] e em 1128 torna-se abade do mosteiro de Saint-Gildas-de-Rhuys, perto de Vannes, na Bretanha. Tomando conhecimento da busca a Heloísa e suas irmãs do Argenteuil, por obra de Suger de Saint-Denis (que tinha usado como motivo a suposta vida dissoluta das monjas), Abelardo lhes oferece a disponibilidade do Paracleto, do qual Heloísa se tornará abadessa em 1129; nos anos seguintes, ele elaborará também uma regra para o convento. Entre 1132 e 1133, compõe a *Historia calamitatum mearum*, que reevoca as dores da vida de Abelardo até o precipitado abandono de Saint-Gildas, cujos monges, pelo que ele contava, tentaram matá-lo. Segundo alguns estudiosos, a este período remonta também a composição de *Ethica* ou *Scito te ipsum*. Em 1113, com seu retorno a Paris, que finalmente se tornara, pela presença de muitas escolas, centro dos estudos lógicos e teológicos, começa um período de trabalho muito intenso, caracterizado tanto pelas atividades de ensino – Abelardo novamente dá aulas na colina de Sainte-Geneviève – quanto pelas composições

---
11 É difícil saber a data das obras de Abelardo devido ao contínuo processo de revisão, frequentemente funcional à atividade de ensino, ao qual elas foram submetidas pelo próprio autor. A data das *Collationes* é controversa; sua localização na metade dos anos 1120 foi proposta por Mews (*cf.* MEWS, C. J., On dating the works of Peter Abelard. *Archives d'histoire doctrinale et littéraire du Moyen Âge*, Paris, v. 52, 1985, p. 73-134), mas esta posição não é compartilhada por todos os estudiosos.

de novas obras: dois comentários bíblicos, *Expositio in Hexaemeron* e *Commentaria in Epistolam Pauli ad Romanos*, e as primeiras redações de uma terceira versão da obra teológica que terá o nome de *Theologia "Scholarium"*.

É esta última obra que estará no centro da sofrida jornada da última fase da vida de Abelardo. Em 1138, o monge cisterciense Guilherme de Saint-Thierry, após ter lido uma versão da *Theologia "Scholarium"*, alerta Bernardo de Claraval sobre a periculosidade de algumas propostas ali contidas; Bernardo, compartilhando das preocupações de Guilherme, começa os próprios ataques contra Abelardo; é deste período, segundo alguns, a composição de *Ethica*.[12] Abelardo abandona a colina de Sainte-Geneviève, segundo João de Salisbury, no ano 1136, mas continua a ensinar na cidade de Paris até cerca de 1140; nesse meio-tempo, compõe uma *Apologia contra Bernardum* para responder aos ataques do abade de Claraval. Em 1º de junho de 1140, é convocado em Sens um concílio para julgar Abelardo, que apela ao papa; enquanto suas obras também são condenadas, ele viaja para Roma[13]. Por conta de seu precário estado de saúde, é obrigado a pedir abrigo a Pedro, o Venerável, na abadia de Cluny; aqui, o processo de excomunhão o alcança. Abelardo decide ficar definitivamente em Cluny onde, de forma compatível com seu estado

---

12 Esta é a tese de Mews com base à datação proposta para *Collationes* (*cf.* nota anterior).
13 Sobre os acontecimentos do Concílio de Sens e sobre a condenação de Abelardo, veja o capítulo 5: *História da recensão* (§ 1).

físico, retoma as atividades de ensino e de escrita, como testemunha o próprio Pedro na carta escrita a Heloísa para lhe comunicar sobre a morte de Abelardo: "com o pensamento, com a palavra, com a ação meditava, ensinava e professava argumentos sempre divinos, sempre filosóficos e cada vez mais eruditos".[14]

São deste período as novas redações da *Theologia "Scholarium"*, a *Confessio fidei "Universis"* e a *Confessio fidei ad Heloisam*[15]. Em 21 de abril de 1142, morre no monastério de Chalon-sur-Saône, que pertence à abadia de Cluny; seu corpo, em seguida é transferido ao Paracleto.

---

14 Pedro de Cluny, Lettera a Eloisa badessa del Paracleto, *in* TRUCI, N. Cappelletti (Ed.). *Abelardo ed Eloisa, Lettere*. Turim: Einaudi, 1979, p. 378.
15 Os estudiosos que não compartilham da posição de Mews colocam, nestes anos, também a composição das *Collationes*.

II.
Heloísa

> *E exatamente porque não podias mais me amar*
> *nem orar por mim, nem me escrever cartas, teu*
> *eterno silêncio falou por ti.*
> Edgar Lee Masters

> *Vivia em Paris uma jovem de nome Heloísa, sobrinha de um cônego, Fulberto. Por amá-la profundamente, tentava de todas as maneiras que ela progredisse em todos os campos das letras e da cultura. De uma beleza nada mediana, foi pelo conhecimento profundo das letras que se destacou; ela gozava de um grande prestígio porque é muito raro encontrar em uma mulher um conhecimento similar das disciplinas literárias.*[16]

Na carta endereçada a um amigo, conhecida como *Historia calamitatum mearum*, Abelardo apresenta com estas palavras a figura de Heloísa, recontando o início de uma história que levará o mestre parisiense, orgulhoso da própria cultura e da própria posição nos ambientes intelectuais, a uma série de desgostos que marcarão de forma indelével seu físico, sua carreira e certamente também sua reflexão teórica.

O conto começa com o encontro entre os dois protagonistas, buscado por Abelardo, que faz uso da própria fama de mestre conhecido em toda a cidade

---
16 Abelardo, Historia calamitatum mearum, *in Abelardo, Lettere di Abelardo e Eloisa, cit.*, p. 50-51.

e favorito do tio da moça, Fulberto, que deseja lhe proporcionar um dos melhores professores da época. Começa assim uma história de amor, que fica ainda mais intrigante pelos papéis de aluna e mestre, de Heloísa e Abelardo: "o estudo das letras nos proporcionava aqueles ângulos secretos preferidos pela paixão"[17]; uma história sobre a qual, desde Petrarca aos humanistas, desde Feuerbach até nossos dias, nunca mais se parou de escrever e de discutir. O amor de Abelardo é recíproco; ele tem beleza, inteligência e fama, qualidades que devem ter impressionado fortemente a jovem aluna, cuja presença agita completamente a vida do mestre, transformando o intelectual, até aquele momento dedicado sobretudo à dialética, em músico e compositor de canções de amor, enquanto a filosofia e as aulas pareciam não mais o atrair. A intervenção do tio obriga a que os dois amantes se separem; eles todavia continuam a se encontrar em segredo; quando Heloísa descobre estar esperando um filho, Abelardo, com a aquiescência dela e escondido do tio, faz com que ela se mude para a Bretanha e fique junto da irmã. Depois do nascimento de Astrolábio (este o nome escolhido pelo casal para a criança) Abelardo e Fulberto entram em um acordo: um casamento *reparador*, com a condição de que "permanecesse em segredo, para não causar danos à minha fama"[18]. É o próprio Abelardo que nos ilustra, na *Historia calamitatum mearum*, a total oposição de

---

17 *Ibid.*, p. 52.
18 *Ibid.*, p. 55.

Heloísa em relação a esta solução, motivada sobretudo, mesmo que não exclusivamente, pela impossibilidade de conjugar filosofia e vida matrimonial;[19] ao sustentar esta posição ela demonstra, além de um extraordinário conhecimento da literatura antiga e do pensamento dos Padres da Igreja, uma grande capacidade de encontrar imagens tão eficazes quanto "provocadoras" para ilustrar a profundidade do próprio amor:

> *Invoco a Deus como minha testemunha; se Augusto, senhor do mundo inteiro, tivesse se dignado a me oferecer a honra do matrimônio e me desse, para toda a eternidade, a Terra inteira, ainda assim me pareceria mais doce e digno ser chamada de tua meretriz* (meretrix) *em vez de tua imperatriz* (imperatrix).[20]

Apesar da oposição de Heloísa, o matrimônio é celebrado em segredo numa igreja de Paris, na presença do tio e de alguns amigos do casal; o segredo, todavia dura poucos dias, e depois disso, a notícia do que ocorreu é divulgada pelo tio da jovem "na tentativa de mitigar a sua vergonha".[21] Pela segunda vez, Abelardo rapta Heloísa e a faz se mudar para o monastério de Argenteuil, perto da cidade; o tio da jovem, lendo esta ação como uma tentativa do mestre

---

19 Heloísa retoma de modo muito articulado várias destas argumentações em sua primeira carta.
20 Heloísa, Lettera seconda, *in Abelardo, Lettere di Abelardo e Eloisa, cit.*, p. 107.
21 Abelardo, Historia calamitatum mearum, *in Abelardo, Lettere di Abelardo e Eloisa, cit.*, p. 61.

palatino de se desvencilhar de Heloísa, contrata dois sicários e manda castrar Abelardo. Os dois amantes, então, entram definitivamente para o monastério: Heloísa em Argenteuil e Abelardo em Saint-Denis; deste momento em diante, o nome de Heloísa desaparece da biografia de Abelardo, ainda marcada por eventos e desencontros dramáticos,[22] para voltar uma última vez, quando o mestre palatino doa o oratório de Paracleto, por ele fundado, a Heloísa, "agora não mais esposa, mas irmã em Cristo"[23], e a suas irmãs, fugidas de Argenteuil.

Nas cartas que compõem o epistolário e que começam com a autobiografia de Abelardo (a *Historia calamitatum mearum*, composta entre 1132 e 1133), estamos frente a dois intelectuais que escrevem um ao outro, trançando uma conversa em que se mesclam temas amorosos e reflexões filosóficas. Já se discutiu longamente a autenticidade deste diálogo epistolar, que conquista por uma linguagem, um envolvimento pessoal e uma descrição de estados de ânimo julgados por alguns como *demasiadamente pouco medievais*; todavia, as pesquisas das últimas décadas, feitas por numerosos estudiosos[24] eliminaram qualquer dúvida sobre a atribuição destas cartas demasiadamente belas para *não* serem autênticas.[25]

---

22 Veja o primeiro capítulo, "Biografia".
23 *Ibid.*, p. 89.
24 *Cf.* a este propósito os estudos de Mariateresa F. B. Brocchieri, P. Dronke, D. E. Luscombe, J. Monfrin, G. Orlandi e P. Zerbi, assinalados nas *Referências*.
25 A referência é à anedota contada por E. Gilson: "Lembro-me agora do dia em que, na sala dos manuscritos da Biblioteca Nacional,

1. *Verba pro rebus*: Heloísa, a linguagem e o amor

Entre os tantos temas que percorrem as cartas de Heloísa, dois parecem ser os de maior interesse também pela intersecção com a reflexão filosófica abelardiana: a relação entre amor e linguagem e as temáticas éticas.

Heloísa, já nas primeiras linhas da resposta à longa carta autobiográfica de Abelardo, propõe uma reflexão sobre o papel *consolador* da linguagem no momento em que as coisas fracassam:

> *Imediatamente percebi que era tua, e comecei a lê-la tanto mais apaixonadamente quanto mais docemente quero abraçar aquele que a escreveu: assim posso me consolar sobre as coisas que perdi, pelo menos através das palavras, como se fossem, de alguma forma, uma imagem tua.*[26]

Antes de examinar este aspecto, não podemos esquecer que as palavras nas cartas de Heloísa servem

---

importunei sem vergonha um amável erudito, que me era totalmente desconhecido, mas que me foi designado como vítima pelo hábito de beneditino. Eu queria que ele decidisse o lugar e, sem demora, o singificado exato dos termos *conversatio* e *conversio* na Regra beneditina. – E por que então – ele me perguntou, enfim – dás tanta importância a estas palavras? – O fato é – eu respondi – que, do significado destas palavras, depende a autenticidade das cartas de Heloísa e Abelardo. Jamais um vulto refletiu estupor maior. Então, depois de uma pausa: – É impossível não ser autêntico: é demasiadamente belo" (GILSON, E. *Eloisa e Abelardo* [1938]. Turim: Einaudi, 1950, p. 17. Tradução italiana de G. Cairola).
26 Heloísa, Lettera seconda, *in Abelardo, Lettere di Abelardo e Eloisa*, cit., p. 101.

para recordar, e também para lamentar: "Suspiro pelo que não pude ter, em vez de lamentar o que cometi".[27] Ao mesmo tempo, geram sofrimento e nem sempre a coerção exercitada pela vontade consegue anular a dor suscitada pela lembrança; a paixão do ânimo, que muito frequentemente foge de nosso poder, obriga-nos à obediência, mais do que podemos dominá-la. A linguagem dos dois amantes, dois refinados intelectuais, não é utilizada principalmente para contar os eventos, mas sim para fazer deles objeto de reflexão e autoanálise que alcançam, particularmente nas palavras que Heloísa dedica às intenções do próprio agir, vértices que serão apreciados ao longo dos séculos. Narrar e refletir não são, porém, as únicas funções que as palavras desenvolvem nas cartas de Heloísa: junto a estas está a função consoladora que, como vimos, impõe-se imediatamente na troca epistolar: "Como me é negada a tua presença, ao menos dá-me a doçura de tua imagem através das palavras, que te custam tão pouco".[28]

As palavras de Abelardo assim se tornam elemento substitutivo de sua presença sentida como absolutamente indispensável, ao mesmo tempo que as palavras de Heloísa jamais são teorizações abstratas sobre o amor, não são escritas para todos, mas apenas e exclusivamente para Abelardo – sem ele, não teriam nenhuma razão de existir. Assim, é possível medir a

---
27 Heloísa, Lettera quarta, in Abelardo, Lettere di Abelardo e Eloisa, cit., p. 131.
28 Heloísa, Lettera seconda, in Abelardo, Lettere di Abelardo e Eloisa, cit., p. 109.

distância entre os dois amantes com base no significado do escrever um ao outro: Abelardo escreve para dar sentido ao desastre, para retraçar um significado profundo dentro de tudo o que aconteceu:

> Mostraremos a ti novamente quanto foi certo e útil tudo o que nos aconteceu, e como foi mais correto que a vingança divina nos atingisse quando éramos casados em vez de quando éramos amantes, para tentar acalmar também desta forma a amargura de tua dor.[29]

Para Heloísa, escrever é o sinal de uma paixão, ela deseja também de Abelardo palavras assim, mas não as terá, e continua a exortá-lo a escrever para *saldar uma dívida*:

> A minha alma não está comigo, mas contigo. Também agora, se não está contigo, não está em nenhum lugar: sem ti, não é capaz de existir. Mas te peço, faze com que ela esteja bem contigo! Ela o estará se te encontrar propício, se lhe deres amor em troca de amor, pequenas coisas em troca de grandes, palavras em troca de atos (verba pro rebus).[30]

Claro que nem mesmo Heloísa se ilude a propósito da plena validade das cartas como *surrogato* da *presença*; sabe muito bem que as palavras não podem substituir totalmente as coisas; por isso, quando fala

---

29 Abelardo, Lettera quinta, in Abelardo, *Lettere di Abelardo e Eloisa, cit.*, p. 147.
30 Heloísa, Lettera seconda, in Abelardo, *Lettere di Abelardo e Eloisa, cit.*, p. 110.

de *verba pro rebus*, testemunha uma persistência de sentimento extraordinária porém dolorosa, à qual falta algo de fundamental: "Entre todos aqueles prazeres não me foi concedido nem mesmo gozar de tua presença, a única coisa que um dia poderia restituir-me a mim mesma".[31]

Palavras e presença se entrelaçam, através daquelas do ser amado, de forma indissolúvel; talvez exatamente por isto, após a morte de Abelardo, sua aluna, que sobreviverá a ele por vinte e dois anos, cessará de nos fazer ouvir sua voz, apagando suas palavras a nós.[32]

Todavia, naquele *verba pro rebus* há algo a mais: a consciência da fragilidade do conhecimento humano, a aceitação de um limite que obriga o homem ao âmbito da linguagem, impedindo-lhe o acesso às coisas, sobretudo quando estas últimas são ontologicamente diversas demais do sujeito conhecedor, como acontece no âmbito teológico; a expressão de Heloísa pode assim parecer o eco da consciência de Abelardo sobre o trabalho do teólogo: "não podemos combater com os fatos, não há nada além das palavras".[33]

---

31 Heloísa, Lettera quarta, *in* Abelardo, *Lettere di Abelardo e Eloisa*, cit., p. 126.
32 *Cf.* BROCCHIERI, Mariateresa Fumagalli Beonio. Eloisa e Abelardo. Parole al posto di cose. Milão: Mondadori, 1984, p. 192.
33 Pedro Abelardo, *Theologia "Summi boni"*, II.1. Milão: Rusconi, 1996, p. 99. Tradução italiana de M. Rossini.

2. *Efficientis affectus:* Heloísa, a culpa e a inocência

Em suas duas primeiras cartas, Heloísa se faz intérprete de uma concessão moral bem similar àquela que Abelardo sustenta em suas obras éticas; neste caso, todavia, esta concessão é construída por meio de uma análise introspectiva do próprio comportamento no âmbito da dramática jornada que envolveu os dois amantes. Ela não esconde nada da paixão que a arrebata; sua intenção não é reconstruir a história dos eventos, mas derramar diante do interlocutor a própria alma sofredora e não pacificada; se, para Abelardo, o amor não é mais substância, mas pensamento e memória, Heloísa reivindica a persistência do sentimento mesmo depois da separação forçada: "És o único capaz de me fazer triste, o único que pode me alegrar ou consolar, e és o único entre tantos que é obrigado a fazê-lo por mim, sobretudo agora".[34]

Ela lembra a Abelardo o próprio amor sem limites (*immoderato*), tão louco a ponto de se privar do objeto do próprio desejo, e tão tenaz a ponto de aflorar novamente nos momentos mais insuspeitos da vida de monja, a ponto de transformar um tema clássico da concepção cristã da existência, a vida como *peregrinatio*, na acusação contra Deus pela ausência do amante:

---

34 Heloísa, Lettera seconda, *in* Abelardo, *Lettere di Abelardo e Eloisa, cit.*, p. 106.

> *Mas se te perco, o que posso esperar ainda? Qual motivo terei para continuar nesta vida que é apenas peregrinação* (in hac peregrinatione), *na qual não tenho conforto algum se não tu? Em que eu único prazer, pois que todos os outros me foram proibidos, era saber-te vivo. Entre todos aqueles prazeres, não me foi concedido nem mesmo gozar de tua presença, a única coisa que um dia poderia restituir-me a mim mesma. Deus, se me permites dizer, não cessaste de ser cruel a mim!*[35]

Todavia, no interior desta dramática e sofrida autoanálise, Heloísa demonstra ter bem claro quais elementos em que deve se basear para julgar a culpa ou a inocência:

> *Tu sabes; eu, que pequei muito* (plurimum nocens), *sou completamente inocente* (plurimum sum innocens). *O crime não está, de fato, no efeito da ação* (rei effectus), *mas no sentimento que anima aquele que age* (efficientis affectus). *A justiça não julga a ação, mas o ânimo com o qual ela é feita.*[36]

Heloísa condensa em poucas linhas, construídas acerca da dialética entre *nocens* e *innocens*, o âmago do pensamento ético abelardiano, e com rigor o aplica a si mesma não apenas para se declarar inocente em relação ao próprio amante, mas, ao mesmo tempo,

---
35 Heloísa, Lettera quarta, *in* Abelardo, Lettere di Abelardo e Eloisa, cit., p. 125-126.
36 Heloísa, Lettera seconda, *in* Abelardo, Lettere di Abelardo e Eloisa, cit., p. 109.

culpada em relação a Deus, do qual não aguarda nenhuma recompensa, visto que o ingresso na vida monástica acontece por ordem de Abelardo, e não por devoção. Assim, analisando a sua situação atual, coloca em confronto a mortificação do corpo e a castidade externa, tão louvadas por aqueles que a conhecem, com a interioridade em que "a mente mantém ainda a vontade de pecar e queima pelos desejos antigos",[37] para reafirmar que a virtude não tem sede no corpo, mas na alma, quase trocando o contraste entre *intentio bona* e *actio mala* de alguns exemplos do *Scito te ipso* pela oposição entre *actio bona* e *intentio mala* da própria situação atual. Por ter sido uma aluna atenta de Abelardo, Heloísa distingue de forma precisa o aspecto externo de um comportamento da intenção que o inspira, e que sozinha pode ser considerada moralmente relevante. Assim, pedindo a ele, que se obstina em chamar *unico suo post-Christum,* uma regra para si e para suas monjas, insiste não apenas no tema beneditino da moderação, mas sobretudo na inutilidade teórica de indicações minuciosas sobre comportamentos externos que, com frequência, resultam moralmente indiferentes. Todavia, junto à abadessa do Paracleto que discute a regra para aplicá-la à própria comunidade monástica, sobrevive – e às vezes predomina – a mulher cujo amor ainda não morreu e que, mesmo consciente das ofensas causadas a Deus, parece orgulhosamente

---

37 Heloísa, Lettera quarta, *in Abelardo, Lettere di Abelardo e Eloisa, cit.*, p. 129.

reivindicar a plena inocência do próprio sentimento em relação a Abelardo: "Em cada momento da minha vida, o Senhor sabe, tenho mais medo de ofender a ti do que a Deus, desejo sempre agradar mais a ti do que a Ele".[38]

---

38 *Ibid.*, p. 132.

Análise
das Obras

1. Lógica e gnoseologia

> *A lógica me fez odioso ao mundo.*
> Abelardo

> *O espaço lógico é um paraíso para os filósofos.*
> David K. Lewis

Dialética é o nome atribuído à disciplina que, junto à Gramática e à Retórica, constitui o *trivium*, primeiro momento do currículo em uso nas escolas à época de Abelardo. Esta se estruturava em torno de sete textos fundamentais da Antiguidade, que constituíam a *Logica vetus*; o mesmo mestre palatino nos recorda isto em uma passagem de sua *Dialectica*: duas obras aristotélicas,[39] *Categorias* e *De interpretatione*; uma obra de Porfírio, *Isagoge*, que se apresenta como uma introdução à primeira obra do *Organon* aristotélico; e quatro obras de Boécio: *De differentiis topicis*, *De divisione*, *De syllogismis categoricis* e *De sylogismis hypotheticis*.

O trabalho lógico de Abelardo, como aquele da maior parte dos intelectuais de sua época, tem contato estreito com estes textos, mesmo que isso não signifique que se estruture como simples comentário

---

39 *Cf.* Pedro Abelardo, *Dialectica*, in DE RIJK, L. M. (Ed.). Assen: Van Gorcum, 1970, p. 146.

das obras de lógica anteriores; todavia, é na análise dos textos da *Logica vetus* que Abelardo e seus contemporâneos começam e desenvolvem aprofundamentos que nem sempre têm a ver com o que está escrito nas linhas que são objetos de comentários. Não devemos esquecer que as obras lógicas do mestre palatino, como aquelas de muitos lógicos medievais, nascem em relação à atividade de ensino e, portanto, sofrem remanejamentos e revisões que derivam das exigências e das questões postas no curso do desenvolvimento das aulas. Estes elementos fazem com que nem sempre seja fácil estabelecer a datação das obras individuais.[40] É ainda mais complexo definir com precisão a relação entre elas; isto sugere um tratado temático da lógica abelardiana, em vez de um exame analítico dos volumes individuais.

1.1 As obras lógicas

Os textos de lógica de Abelardo podem ser subdivididos em quatro grandes grupos:
- *Introductiones parvulorum* ou *Glosas menores:* simples comentários aos textos da *Logica vetus* destinados a um público de principiantes; o conjunto dos comentários não está completo.
- *Logica "Ingredientibus"* (o título deriva da expressão com que começa o texto: "*Ingredientibus nobis logicam*"): trata-se de um ciclo de amplos comentários aos textos da Logica

---

40 Para as indicações relativas à datação das obras, veja "Biografia".

vetus destinado a um público de estudantes mais competentes; chegaram a nós quatro textos: *Isagoge, Categorias, De interpretatione, De differentiis topicis.*

- *Dialectica:* é um tratado de lógica autônomo que, todavia, serve-se dos textos de Aristóteles, Porfírio e Boécio; chegou até nós em um único manuscrito (Paris, Biblioteca Nacional lat. 14614), sem a parte inicial nem a final.
- *Logica "Nostrorum petitioni sociorum"* (o título deriva da expressão com que começa o texto, "Nostrorum petitioni sociorum satisfacientes scribendae logicae", no único manuscrito que chegou até nós — Lunel, Biblioteca Municipal 6; por esta razão, o texto também é conhecido como *Glosas de Lunel):* do ciclo de comentários aos textos da *Logica vetus,* é conhecido apenas o comentário à *Isagoge* de Porfírio.

1.2 O significado geral da lógica e a defesa da ciência

Abelardo deu forma, ao longo de todo o curso de sua vida, à pesquisa nas disciplinas da linguagem em torno de dois princípios: o primeiro se refere ao sentido da pesquisa lógica; o segundo, ao valor da investigação lógica.

Nas primeiras linhas das *Glossae super Porphyrium*, contidas na *Logica "Ingredientibus"*, Abelardo, com base em uma sugestão proveniente de Boécio, indica

na lógica uma das três espécies em que se divide
a filosofia:

> Boécio distingue três espécies da filosofia: especulativa, que indaga a natureza das coisas; moral, que examina a dignidade da vida; racional, que tange às regras de composição dos raciocínios. Os gregos chamam a esta última de lógica.[41]

A distinção é retomada também no início das *Glossulae super Porphyriumm* da *Logica "Nostrorum petitioni sociorum"*, nas quais as três espécies da filosofia são mais claramente indicadas como física, ética e lógica ou dialética,[42] caracterizada como *diligens ratio disserendi*. Dos dois contextos, fica evidente que o que distingue a Lógica da terceira disciplina do *trivium*, a Retórica, é seu caráter teórico; esta é de fato uma *scientia discernendi* e, portanto, entre suas finalidades não entra o exercício que se refere à habilidade prática no uso da linguagem. A tarefa da lógica é de estabelecer a verdade e a falsidade do discurso e de indicar as regras para a construção de um discurso científico ou verdadeiro em todos os âmbitos da pesquisa. Esta indicação permite precisar os elementos essenciais do segundo princípio relativo ao valor da investigação: a lógica é uma *scientia* e como

---

41 Pedro Abelardo, Logica "Ingredientibus", Glossae super Porphyrium, *in* GEYER, B. (Ed.). *Peter Abelards Philosophische Schriften*. BGPTM 21.1, 1919, p. 1.
42 Os dois termos, segundo Abelardo, indicam a mesma ciência e resultam, portanto, intercambiáveis entre si; *cf.* Pedro Abelardo, Logica "Nostrorum petitioni sociorum", Glossulae super Porphyrium, *in* GEYER, B. (Ed.). *Peter Abelards Philosophische Schriften*, BGPTM 21.4, 1933, p. 506.

tal não pode ser má; para Abelardo é de fato necessário prestar muita atenção para não atribuir à dialética as culpas que derivam de sua utilização incorreta. Na *Dialectica*, em uma página de grande força na qual estão evidentes as citações aos ataques sofridos no curso de sua carreira, Abelardo, defendendo a licitude de qualquer *scientia* – nem mesmo o próprio Deus escaparia da repreensão por possuir cada *scientia* –, sublinha a necessidade da lógica para a fé:

> *Os meus rivais inventaram uma nova calúnia para denunciar meu hábito de escrever sobre a arte da dialética. Afirmam, de fato, que para um cristão não é lícito tratar de argumentos que não tangem à fé. Dizem que esta ciência não apenas não nos prepara para a fé, mas também destrói a verdadeira fé com a complexidade de suas argumentações. Na verdade, é surpreendente que eu não possa tratar daquilo que a eles é consentido ler; por qual motivo faz mal expor aquilo de que se permite a leitura? [...]. Se, por outro lado, sustentam que esta arte combate a fé, então são obrigados a admitir que esta não é uma ciência. A ciência é uma compreensão da verdade das coisas, a sua espécie é a sapiência, e também a fé é uma sapiência. A sapiência é o conhecimento do honesto e do útil; a verdade não pode ser contrária à verdade. É de fato possível encontrar um erro contrário a um erro, um mal contrário a um mal, mas o verdadeiro não pode se opor ao verdadeiro, nem o bem ao bem; todos os bens concordam entre si. Toda ciência é boa, mesmo o conhecimento do mal, que não pode faltar ao homem justo. De fato, a fim de que o*

> *justo evite o mal, é necessário que o conheça com antecedência, se não fosse assim, não poderia evitá-lo. Portanto, pode ser bom o conhecimento do que é o mal, assim como é mal pecar, mas é bom conhecer o pecado; de outra forma, não somos capazes de evitá-lo. [...] Se de fato fosse mal conhecer, de que modo o próprio Deus poderia ser absolvido da maldade? [...] Se o mal não está no conhecer, mas no fazer, a maldade não pode ser referida à ciência, mas à ação. Assim, demonstramos que toda ciência é boa enquanto deriva de Deus e de Seu dom, e por consequência é necessário admitir que é bom o estudo de toda ciência, porque com isso se obtém o que é bom, e sobretudo é necessário o estudo daquela doutrina que é mais capaz do que as outras de conhecer a verdade.*
>
> *É esta a dialética, da qual depende a distinção de toda verdade ou falsidade e, portanto, é proeminente sobre qualquer filosofia e domina e rege a totalidade do saber.*[43]

As consequências desta rigorosa distinção entre o caráter teórico da *Dialectica* e seu *exercitium* são múltiplas: em primeiro lugar, são colocadas as bases da defesa do uso da lógica no interior da busca teológica, que colocará Abelardo em desacordo tanto com os pseudodialéticos que abusam da arte, quanto com os defensores de uma tradição que impede seu uso para melhor esclarecer os conteúdos da fé. Em segundo lugar, o caráter de *principatum* da lógica em relação às outras partes da filosofia, com base em seu ser *diligens*

---
43 Pedro Abelardo, *Dialectica, cit.*, p. 469-470.

ratio disserendi, acentua, junto ao papel de método geral de qualquer investigação, seu caráter formal e, assim, a distinção a respeito de temáticas metafísicas e gnoseológicas, que Abelardo nem sempre consegue respeitar com absoluta coerência. Todavia, fica evidente, em todo o *corpus* das obras lógicas do mestre palatino, a exigência de que a investigação sobre temas fundamentais permaneça dentro dos limites de uma "teoria unificada da linguagem",[44] para cuja definição concorrem as primeiras duas artes do *trivium*.

1.3 A *significatio* dos termos

> *Significar é propriedade não apenas dos termos, mas também das coisas.*[45]

Abelardo parece se colocar dentro da tradição agostiniana, segundo a qual qualquer coisa pode ser sinal de outra, todavia considera que um exame rigoroso da *significatio* só pode acontecer a propósito dos termos; não obstante, é impossível rastrear dentro de suas obras lógicas uma investigação sistemática sobre este tema; para reconstruir sua visão, devemos nos basear sobre elementos esparsos em vários escritos. A natureza preliminar da investigação sobre a *significatio* dos termos deriva do fato de que estes últimos são os "elementos atômicos"[46] que compõem

---

44 JOLIVET, J. *Abélard, ou la philosophie dans le langage*. Fribourg: Cerf, 1994, p. 48.
45 Pedro Abelardo, *Dialectica, cit.*, p. 111.
46 BROCCHIERI, Mariateresa Fumagalli Beonio. *La logica di Abelardo*. Florença: La Nuova Italia, 1964 (1969), p. 32.

as proposições, que por sua vez são a base da correta argumentação: "Os termos têm uma dupla função significativa: uma em relação às coisas, outra em relação aos conceitos".[47]

O primeiro tipo de *significatio* certamente precede o segundo.

> Se bem que de fato os termos têm uma dupla função significativa, em relação às coisas e aos conceitos, as coisas são naturalmente precedentes em relação aos conceitos; antes de conceber um conceito é necessário deter-se na natureza das coisas, aquele que instituiu um termo, antes de tudo, considerou a natureza da coisa para indicar que impôs o nome. Portanto os conceitos, que devem seguir a consideração da natureza das coisas, são naturalmente posteriores, as coisas são anteriores.[48]

O processo institutivo dos nomes se fundamenta na consideração da natureza das coisas, que torna possível o *inventio* do termo; todavia, como logo depois ressalta o próprio Abelardo, a primeira e principal razão da imposição do nome é representada pela *significatio intellectus*, porque o nome é imposto à coisa para gerar um conceito.[49] Logo, o nome, segundo o mestre palatino, reveste duas

---

[47] Pedro Abelardo, Logica "Ingredientibus", Glossae super Peri hermeneias, in GEYER, B. (Ed.). *Peter Abelards Philosophische Schriften*. BGPTM 21.3.1927, p. 307.
[48] Pedro Abelardo, Logica "Ingredientibus", Glossae super Praedicamenta Aristotelis, in GEYER, B. (Ed.). *Peter Abelards Philosophische Schriften*. BGPTM 21.2, 1923, p. 112.
[49] *Cf.* Pedro Abelardo, Logica "Ingredientibus", Glossae super Praedicamenta Aristotelis, *cit.*, p. 112 e 136.

funções significativas que fazem referência a dois aspectos presentes na *impositio*: a primeira se refere às coisas (*significatio rerum*) e poderia ser definida como *appellatio* ou nominativo, neste caso seja talvez possível falar de "função denotativa";[50] a segunda se refere aos conceitos (*significatio intellectuum*), e parece certamente mais relevante aos olhos de Abelardo, podendo-se a este propósito falar de "função conotativa". A investigação abelardiana, restringindo o âmbito da *significatio*, compreendida como geradora de conceitos, em respeito ao âmbito da *impositio* do qual, todavia, não é totalmente separada, tem como resultado isolá-la e torná-la mais bem analisável. De tal modo é confirmada a superioridade da *significatio intellectuum*, também em virtude de sua permanência em relação ao possível desaparecimento da coisa, que sua presença não é, isso posto, indispensável para que se continue o conceito: "A função significativa relativa às coisas é transitória, a relativa aos conceitos, permanente".[51]

Como conclusão, portanto, pode-se afirmar que, por meio dos termos, (*voces*) são em uma certa

---
50   *Cf.* PINBORG, J. *Logica e semantica nel medioevo*. Turim: Boringhieri, 1984, p. 56-57. Tradução italiana de F. Cuniberto.
51   Pedro Abelardo, Logica "Ingredientibus", Glossae super Peri hermeneias, *cit.*, p. 309; *cf.*. BROCCHIERI, Mariateresa Fumagalli Beonio. *La logica di Abelardo, cit.*, p. 36: "*Significatio rerum* e *significatio intellectuum* são, portanto, duas funções de um termo, distintas mais pela intensidade de sua ação que pela qualidade de direção; a primeira mira a indicação da ordem real, mesmo necessitando do intelecto, que, neste caso, tem a tarefa de espelhar corretamente as *res*; a segunda tem por escopo a comunicação dos conceitos, os quais, para serem válidos, devem, se não reproduzir as *res*, ao menos tirar da estrutura delas a própria legitimação".

medida significados tanto as coisas (*res*) quanto os conceitos (*intellectus*), mas é oportuno precisar que as coisas são designadas pelos termos, enquanto os conceitos são significados por eles. Abelardo, porém, não pensa de fato em uma separação absoluta entre os dois níveis; se é verdade que a atividade significativa prioritária dos termos se explica na geração dos conceitos, para que estes últimos não sejam vazios, e assim privos de qualquer valor real na construção da ciência, faz-se necessária a conexão com a realidade. O conceito de fato se gera porque

> *todos os nomes de qualquer realidade existente, à medida que isto é inerente a eles, geram mais conceitos que opiniões, porque aquele que os inventou quis impô-los segundo certa natureza ou propriedade das coisas, mesmo se ele mesmo não fosse capaz de descobrir plenamente tal natureza ou propriedade.*[52]

A teoria da *significatio* e a relação entre coisas e conceitos que dela emerge são destinadas a encontrar um ponto de verificação e, ao mesmo tempo, de máxima tensão no exame dos termos universais e de sua capacidade significativa.

1.4 A *significatio* dos termos universais

O problema dos universais representa o objeto do primeiro conflito que opõe Abelardo a um intelectual

---
52 Pedro Abelardo, Logica "Ingredientibus", Glossae super Porphyrium, *cit.*, p. 23.

contemporâneo, Guilherme de Champeaux, em seu retorno após uma longa estada na Bretanha devido a uma doença:

> Entre as muitas disputas que afrontamos como se fossem batalhas, lembro-me de uma em particular em que eu o obriguei, com a força das minhas razões que eram evidentíssimas, primeiro a modificar e depois a abandonar a sua velha teoria sobre os universais. Guilherme, naquela doutrina, sustentava que o universal está presente contemporaneamente em todo indivíduo; dizia que em todos os indivíduos se encontra, inteiramente, uma mesma realidade, ou seja, uma mesma e única essência. Os indivíduos, portanto, não se diferem uns dos outros pela essência, mas pela variedade dos acidentes, única causa de sua diversidade.[53]

A passagem da *Historia calamitatum mearum* nos fornece a cifra do tratado abelardiano sobre o tema dos universais; o mestre palatino, de fato, faz com que sua posição derive da análise crítica das soluções ao problema, fornecidas pelos autores contemporâneos a ele. A *quaestio*, como se sabe, põe-se em relação a uma passagem de *Isagoge* em que Porfírio faz grandes questões, para as quais evita fornecer a própria solução:

> no que tange aos gêneros e às espécies, acerca da questão de serem entidades existentes em si ou simples concepções postas pela mente, e admitindo que

---

53 Abelardo, Historia calamitatum mearum, *cit.*, p. 42-43.

sejam entidades existentes, de serem corpóreas ou incorpóreas, e de, enfim, serem separadas ou então existirem nas coisas sensíveis e dependentes a elas, cessarei de falar, porque um problema do gênero é demasiadamente profundo e exige uma investigação diversa e mais vasta;[54]

será através da tradução boeciana do texto de Porfírio que o tema dos universais entrará no Ocidente latino, carregado de suas implicações lógicas e metafísicas.[55] A alternativa frente a qual está Abelardo, junto a todos os seus contemporâneos, é clara, portanto: os universais ou são coisas ou são nomes. O mestre palatino enfrenta o tema com base em um pressuposto duplo: de um lado, a suposição da definição aristotélica do universal como "aquilo que por natureza é apto a ser predicado de muitos"[56]; de outro lado, a própria concepção do real caracterizado por entidades individuais determinadas e concretamente indivisíveis.

---

54 PORFÍRIO. *Isagoge*. Pádua: Liviana, 1969, p. 89-91. Tradução italiana de B. Maioli.
55 Não devemos nos esquecer de que o próprio Boécio, no *Segundo comentário à Isagoge*, mais que resolver o problema, o repropõe em suas duas maiores alternativas: "Mas Platão sustenta que os gêneros e as espécies e os outros [predicáveis] não apenas são pensados universais, mas também existem como universais e subsistem separados dos corpos; Aristóteles, entretanto, sustenta que são pensados como incorpóreos e universais, mas que existem apenas nos sensíveis. Não creio ser oportuno entrar no mérito da posição deles: é um problema, este, que pertence a uma parte mais alta da filosofia. De propósito, entretanto, seguimos a posição de Aristóteles, não porque compartilhamos dela totalmente, mas porque este livro foi escrito como introdução às *Categorias*, cujo autor é Aristóteles". A. M. S. Boécio, in BRANDT S. (Ed.). *Isagogen Porphyrii Commenta*, ed. I et II. Viena; Leipzig, *s.n.*, 1906, p. 167. Corpus Christianorum Series Latina 48.
56 Pedro Abelardo, Logica "Ingredientibus", Glossae super Porphyrium, *cit.*, p. 9.

A partir destas suposições indiscutíveis, Abelardo começa a crítica da primeira posição sustentada por Guilherme de Champeaux, segundo a qual, como vimos, o universal é matéria ou essência comum a tudo o que pertence ao gênero ou à espécie:

> Alguns compreendem a coisa universal de modo a pôr uma substância essencialmente idêntica em realidades diversas entre si pela maneira, de tal forma que esta seja a essência material, única em si mesma, dos indivíduos em que se encontra, e seja diversa apenas pela forma das realidades inferiores.[57]

A crítica abelardiana se serve de elementos de caráter lógico e metafísico ao mesmo tempo: o universal, enquanto predicado de muitos, deve estar, na visão de Guilherme, identicamente presente nas diversas realidades cuja substância representa e, mesmo sendo em si próprio universal, deveria ser também singular em virtude das diversas formas que assume, resultando assim "universal por natureza, mas singular em ato".[58] Guilherme, segundo o que conta Abelardo, foi obrigado a recuar de sua posição por causa das

---

57 Ibid., p. 10. Não deve surpreender a locução *materialis sit essentia*: neste caso, o termo *essentia* parece indicar o fundamento comum do ser que se opõe à forma compreendida como acidente; sobre estes aspectos relativos à multiplicidade de significados do termo *essentia*, determinados também pelo caráter imperfeito do "vocabulário do ser" no século XII, *cf.* JOLIVET, J. *Notes de lexicographie abélardienne*, in LOUIS, R.; JOLIVET, J.; CHÂTILLON, J. (Ed.). *Pierre Abélard, Pierre le vénérable. Les courants philosophiques, littéraires et artistiques en occident au milieu du 12. Siècle. Abbaye de Cluny, 2 au 9 Juillet 1972.* Paris: Éditions du C.N.R.S., 1975, p. 538-543.
58 Ibid., p. 11.

críticas que lhe foram formuladas por seu aluno: a solução obriga, de fato, a se admitir a presença simultânea de contrários no interior do mesmo sujeito e resulta, portanto, contraditória do ponto de vista lógico, e impossível do ponto de vista físico:

> *assim, o animal racional seria ao mesmo tempo animal irracional e os contrários existiriam na mesma realidade, ou melhor, não seriam mais contrários a partir do momento em que se encontram juntos numa essência perfeitamente idêntica.*[59]

A copresença dos contrários, que descende necessariamente da doutrina de Guilherme, comporta consequências inaceitáveis, seja quando é aplicada ao nível individual (os indivíduos se tornariam de fato simples variações acidentais da mesma substância), seja ao nível das espécies (que não mais seria possível diferenciar com a consequente identificação de Sócrates com o asno), sobre o que Abelardo se alonga após ter criticado a posição do próprio mestre. Ainda mais graves seriam as consequências ontológicas:

> *segundo a posição da teoria recordada anteriormente, apenas dez são as essências de todas as coisas, dez os gêneros generalíssimos, porque nas categorias individuais se encontra apenas uma essência, que se diferencia apenas pelas formas dos gêneros e das espécies inferiores, como se disse, sem os quais não haveria nenhuma variedade. Assim como todas as substâncias são totalmente*

---
[59] *Ibidem.*

> *idênticas, o mesmo ocorre para todas as qualidades e todas as quantidades etc.*[60]

Desta forma, a multiplicidade seria drasticamente reduzida, tendo resultados teológicos definitivamente desastrosos, como ressalta uma passagem da *Logica "Nostrorum petitioni sociorum"*:

> Aqueles que aceitam esta posição incorrem em uma gravíssima heresia, porque disto decorre que a substância divina, que não tem absolutamente forma alguma, seria necessariamente idêntica à substância.[61]

Dessa forma, é definitivamente contradita a tese segundo a qual uma mesma essência idêntica possa contemporaneamente se encontrar em diversos entes; Guilherme, como conta Abelardo, não cedeu completamente e montou sua defesa em torno de uma segunda teoria, também esta de tipo realista:

> Por causa de nossas discussões, corrigi esta sua afirmação, dizendo que aquela realidade universal, que é realmente igual em todo indivíduo, não é essência, mas sim realidade indiferenciada (non essentialiter sed indifferenter).[62]

Esta segunda teoria parece ter ganhado, graças às críticas formuladas em relação à posição anterior, a consciência de que é impossível distinguir as realidades individuais exclusivamente com base nas formas

---

60 *Ibid.*, p. 12.
61 Pedro Abelardo, Logica "Nostrorum petitioni sociorum", Glossae super Porphyrium, *cit.*, p. 515.
62 Abelardo, Historia calamitatum mearum, *cit.*, p. 43.

acidentais e que, portanto, tal distinção deve partir da diversidade de sua essência; todavia, os que a sustentam, e Guilherme de Champeaux em primeiro lugar, não abandonam a convicção de que o universal seja uma *res,* e por isto "definem a realidade distintas entre si, idênticas não segundo a essência mas pela indiferença"; assim, as realidades que se chamam singulares por distinção as consideram universais por *indifferentia*, vale dizer, por comunhão de similitude (*similitudinis convenientia*). Com base neste pressuposto nascem diversas posições, todas colocadas no âmbito do realismo; a este Abelardo dedica, na *Logica "Ingredientibus"*, páginas de crítica atenta e precisa, ao fim das quais pode enunciar o pressuposto da própria solução:

> *Ora, expostas as razões com base nas quais as coisas, nem isoladamente nem coletivamente tomadas, podem ser chamadas de universais no que diz respeito a serem predicadas de vários, resta que confiramos esta universalidade apenas aos termos.*[63]

A crítica em relação às diversas posições em campo, a qual, através da física e da lógica, demonstrou que a definição do universal não se pode aplicar às coisas, ao mesmo tempo delimitou o perímetro no qual se moverá a solução abelardiana, aquele da *vox* ou, como precisará na *Logica "Nostrorum petitioni sociorum"*, do *sermo*.[64] Todavia, exatamente esta

---
63 *Ibid*, p. 16.
64 A passagem da *vox* ao *sermo* funciona para tornar mais evidente a distinção entre o nível físico (*vox*) e o nível significativo (*sermo*) do termo; a ambiguidade do termo *vox* parece exigir que Abelardo distinga a própria posição daquela de seu antigo mestre

delimitação, se colocada em relação à definição rigorosa do universal que Abelardo apresenta logo em seguida – "universal é o termo que por força de sua instituição é apto a ser predicado de vários singularmente tomados"[65] –, gera um problema: o universal é um termo, mas o convite ao *inventio* indica que, com base na *impositio*, esse tem a função de designar um certo *intellectus*; ora, então é necessário ver que coisa justifica esta *impositio* e qual fundamento tem este *intellectus*. De fato, se a realidade é caracterizada por elementos individuais, os termos universais parecem perder sua função significativa, pois não constituem intelecção de alguma coisa real; portanto é indispensável, para restituir valor significativo aos termos universais, individuar a coisa sobre a qual se fundamenta a sua imposição, atentando, todavia, para não indicar alguma *res* na base deste ato para evitar a reproposição do *realismo* criticado. Os termos universais significam as diversas coisas nomeando-as; o conceito, no entanto, não é gerado pelas coisas, mas se refere a elas, quase como se fosse gerado na mente diretamente pelo termo em cujo fundamento não é necessário individuar alguma *res*, mas uma *causa communis* da imposição do próprio nome:

> *Os homens individuais, distintos uns dos outros, pois diferem tanto em essência quanto em forma, segundo o que recordamos anteriormente*

Roscellino, e insista com mais atenção na operação institutiva de cada termo.
65 *Ibid.*, p. 16.

> *analisando a física da coisa, comungam apenas do fato de serem homens. Não digo no homem* (in homine), *porque nenhuma coisa é homem, exceto uma coisa distinta e individual, mas no ser homem* (in esse hominem).[66]

O uso atento da terminologia serve para evitar recair no realismo: o *status hominis*, que não é uma *res*, justifica a imposição do nome e se refere a uma natureza na qual se fundamentam os diversos indivíduos dos quais "quem impôs o termo concebeu a similitude comum".[67] Encontrado o fundamento dos termos universais impostos pelos homens às coisas, resta esclarecer a natureza dos conceitos que estes geram na mente, levando em conta que a realidade sujeita à intelecção pode ser ou a verdadeira substância da coisa, e neste caso a intelecção é contemporânea à sensação, ou a forma, comum ou própria, de uma coisa qualquer no caso em que esta última esteja ausente. Cada termo singular gera um conceito que se refere a uma forma própria e singular, como acontece quando eu ouço a palavra "Sócrates", enquanto o termo universal, por exemplo, a palavra "homem", faz surgir no ânimo uma certa similitude que se refere aos homens individuais, de forma a ser *comum* a todos, mesmo não sendo própria de ninguém; o que se gera é, portanto, uma imagem comum e confusa de muitas realidades. Os conceitos constitutivos dos termos universais, mesmo sendo mais

---

66 *Ibid.*, p. 19 (itálicos meus).
67 *Ibid.*, p. 20.

indeterminados em relação àqueles constitutivos dos nomes próprios, resultam significativos das formas comuns concebidas pelo intelecto, que exprimem a similitude comum obtida por uma multiplicidade de indivíduos pertencentes a um mesmo *status*:

> Também a razão parece concordar com as autoridades apresentadas, que parecem sustentar que os termos universais designam as formas comuns concebidas pelo intelecto. Concebê-las por meio dos nomes não é nada além de significá-las por meio dos nomes. Mas sem dúvida, uma vez que as consideramos diferentes dos conceitos, além das coisas e dos conceitos se apresenta, em terceiro lugar, o significado dos nomes.[68]

As formas comuns e os conceitos a elas conexos, que se apresentam como atos intencionais do intelecto endereçados, em direção ao estado comum, a uma multiplicidade de indivíduos, permitem o conhecimento da realidade.

A análise do problema dos universais se completa com as indicações relativas ao processo de formação da *conceptio* comum e confusa a que se referem os termos universais; a este propósito, Abelardo faz sua a teoria da abstração presente no segundo comentário de Boécio às *Isagoge* de Porfírio: "é necessário que a intelecção dos universais sempre se realize por abstração".[69] Quando ouço a palavra "homem", explica Abelardo, o termo não me leva a pensar em

---

68 *Ibid.*, p. 24.
69 *Ibid.*, p. 27.

todas as propriedades inerentes às coisas tomadas em consideração: "através da palavra 'homem' eu tenho apenas o conceito de 'animal – racional – mortal', e não acidentes eventuais: conceito todavia indeterminado e indistinto".[70]

Portanto, a intelecção por abstração nos faz apreender a realidade diversamente de como ela subsiste, mas não por isso tal intenção é vazia, porque não se trata de atribuir a uma coisa uma propriedade que ela não tem, mas de se considerar apenas (*tantum*) uma propriedade deixando as outras de lado; o advérbio "apenas" se refere, dessa forma, à *atenção* do sujeito e não ao *modo de existir* das coisas: "Esta realidade de fato é considerada separadamente de uma outra (*separatim*), mas não separada (*non separata*), porque na verdade não existe separado".[71]

O processo abstrativo, portanto, permite considerar separadamente (*separatim*) duas realidades que não existem separadamente; com base nesta argumentação, Abelardo sustenta poder conservar a singularidade dos entes presentes na realidade junto com a força significativa e o valor cognitivo dos termos universais e das intelecções por estes geradas, que se mantêm entretanto sempre confusas e não distintas.

> *Portanto, a intelecção dos universais é ISOLADA, NUA e PURA. ISOLADA em relação às sensações, porque não percebe a coisa como sensível. NUA em virtude da abstração de todas ou de algumas*

---

70 *Ibidem*.
71 *Ibid.*, p. 25.

> *formas. PURA totalmente em relação à distinção, pois nenhuma coisa, seja matéria ou forma, é certificada nela, porque, como dissemos anteriormente, trata-se de uma intelecção confusa.*[72]

1.5 O significado da proposição e a *argumentatio*

A análise dos termos na função significativa destes, e em seu relacionamento com os conceitos e a realidade, é pressuposto indispensável para examinar a proposição por eles composta e, em seguida, segundo uma gradação que Abelardo exige na *Dialectica*, passar à *argumentatio*: "A *oratio*, como sustenta Aristóteles, é uma expressão significativa convencional cujo significado é distinto daquele das partes que a compõem".[73]

A proposição deriva a própria constituição e a própria capacidade significativa das partes que a compõem, e, como estas são convencionalmente e não naturalmente instituídas para significar, da mesma forma a *oratio* tem uma instituição convencional própria:

> *De fato, os nomes e os verbos foram inventados e instituídos para significar, e em seguida, segundo formas individuais de construção, foram unidos na proposição (oratio), que é instituída de tal forma com vista a algum significado.*[74]

---
72 *Ibid.*, p. 27.
73 Pedro Abelardo, *Dialectica, cit.*, p. 146.
74 Pedro Abelardo, Logica "Ingredientibus", Glossae super Peri hermeneias, *cit.*, p. 363-364.

Abelardo ressalta de um lado a importância do caráter convencional da proposição, desta forma se distanciando da concepção platônica, em plena sintonia com a própria visão da lógica e, ao mesmo tempo, o papel fundamental do aspecto construtivo da *oratio,* que é o que a distingue de uma simples união de termos. O exame da *significatio* da proposição, portanto, não pode prescindir de uma referência aos elementos gramaticais; de fato, a proposição "*Socrates est homo*" tem um significado, enquanto "*Socrates est hominem*" não tem significado algum, apesar de *homo* e *hominem* terem o mesmo significado: as duas construções diferentes, cujo caráter convencional Abelardo ressalta pela enésima vez, geram no primeiro caso um sentido, e no segundo caso, nenhum sentido. Dado que nem toda união de termos pode ser chamada de "proposição", trata-se então de compreender o que esta significa, sem esquecer que, no interior desta função, com base no que foi dito até agora, a construção gramatical deve ter um papel; portanto, as coisas (*res*) e os conceitos (*intellectus*) não determinam o significado da proposição:

> *Ainda, se não houvesse qualquer outro significado das proposições além do próprio significado das coisas e dos conceitos, não seriam em nada diferentes quanto à função significativa as proposições* "Socrates currens" *e* "Socrates currit".[75]

---

75 *Ibid.*, p. 366-367.

Abelardo não exclui que o significado da *oratio* tenha a ver com os conceitos; todavia, sustenta que a verdade ou a falsidade da própria proposição seja assegurada por uma outra *significatio* que se refere a "aquilo que [a proposição] propõe e diz",[76] e que o autor define como *dictum*. Abelardo atentamente precisa que o *dictum* não é uma realidade, em plena sintonia com o caráter antirrealista de sua lógica; portanto, nem mesmo a descrição da realidade nominada entra na determinação do significado da *oratio*,[77] e assim é possível afirmar que o *dictum* compreendido como função significativa da *oratio* não se explica no nominar:

> *Se por outro lado a expressão 'Socratem currere' deve designar o verdadeiro por imposição, não percebe completamente a função significativa da proposição, que se explica no dizer e não no nominar, como já esclarecemos ao expormos a definição da proposição.*[78]

Entretanto, permanece aberto o problema da relação entre proposição e realidade. Ao examinar isto, a perspectiva abelardiana parece sofrer um desvio: se é verdade que o *dictum* não desaparece nem mesmo com a descontinuidade das coisas nominadas, como resulta evidente do valor de verdade das preposições "*hoc non est aliud*" e "*Socrates est Socrates*", que

---

76 *Ibid.*, p. 365.
77 Como se pode notar a partir da insistência com que Abelardo distingue os *dicta* de proposições que descrevem uma realidade idêntica, mas têm uma construção diversa: "non habeo cappam" e "careo omi cappa", ou então "Socratem currere" e "Socrates currit"; *cf. ibid.*, p. 369.
78 Pedro Abelardo, *Dialectica, cit.*, p. 150.

é independente da existência das coisas, o mestre palatino não parece ressaltar com a devida atenção o caráter particular (analítico) das proposições recordadas, mesmo se percebe que a mesma consideração não pode valer para a proposição "*Socrates est homo*", que "de forma alguma pode ser verdadeira sem a continuidade da coisa".[79] Dessa forma, porém, o valor da verdade do *dictum* não parece mais reconduzível exclusivamente àquela que, em outro contexto, Abelardo chama de *vis enuntiationis*, que prescindiria de qualquer relação com a realidade que envolva esta última como causa: em alguns casos, a exigência da permanência da coisa parece recolocar em campo justificativas do tipo realístico, ou, como ocorre na *Dialectica*, a exigência de uma natureza imutável parece fazer referência a estruturas metafísicas estranhas ao discurso lógico:

> *De fato, já que a brancura é inerente a cada cisne de modo acidental assim como a negritude não é inerente a nenhum, não é possível pôr como verdadeira a seguinte consequência: se há um cisne, então é um branco, ou esta: se há um cisne, então não é um negro; sem dúvida a substância do cisne pode existir além da brancura como seu fundamento que precede na natureza, mesmo que em todo o momento encontre-se unida à brancura. Portanto, o ser em ato da coisa não é suficiente para que ela manifeste a necessidade, e como consequência falta a força imutável da natureza*[80].

---

79 *Ibid.*, p. 366.
80 Pedro Abelardo, *Dialectica, cit.*, p. 283.

A teoria da *argumentatio* e do silogismo encontra-se na *Dialectica*,[81] e parte da definição aristotélica: "o silogismo é uma *oratio* na qual, postas algumas premissas, algo de diverso resulta necessariamente daquilo que foi posto"[82], que é minuciosa e sistematicamente comentada por Abelardo, que, porém, parece considerar como silogismo apenas uma *argumentatio* em que as premissas sejam verdadeiras, ligando de tal forma estrutura lógica do silogismo e realidade extralógica. O mestre palatino parece, todavia, recomeçar deste enésimo "desvio" em relação ao rigor puramente formal da investigação lógica, quando se dedica a um exame mais pontual da estrutura do silogismo, distinguindo entre as conclusões de um raciocínio aquelas que se dizem verdadeiras com base na natureza das coisas, e aquelas que derivam a sua verdade exclusivamente a partir da estrutura da argumentação. Portanto, o caráter de *inferentia firmissima* do silogismo resulta indiscutível, independentemente da verdade ou da falsidade das premissas, desde que destas se respeite a estrutura formal;[83] e isto vale também para os silogismos hipotéticos nos quais resulta mais evidente a distância entre o plano da realidade e o plano do discurso, confirmando assim o caráter não realístico do trabalho lógico abelardiano. Todavia, parece impróprio transformar a estrutura do silogismo abelardiano

---
81 De modo particular, no terceiro livro do segundo tratado e no segundo livro do quarto tratado.
82 Pedro Abelardo, *Dialectica, cit.*, p. 232.
83 *Cf. ibid.*, p. 499.

em uma forma de implicação, mascarando, ao menos parcialmente,

> aquela oscilação entre duas posições opostas, aquela tradicional e implícita de derivação puramente aristotélica para a qual o silogismo é um instrumento de verdade não estritamente formal e se complica, no problema do significado, de elementos extralógicos, e aquela, por assim dizer, mais nova e rigorosa para a qual isto se torna um cálculo do qual Abelardo ressalta, muitas vezes, a absoluta pureza lógica. O primeiro motivo fica implícito; ou melhor, em seu conjunto, na investigação particular sobre várias formas e figuras do silogismo, é anulado, enquanto o segundo constitui uma ossatura da busca dialética do autor.[84]

1.6 Uma estrutura para conhecer

O exame da lógica abelardiana não seria completo sem uma reconstrução da gnoseologia do mestre palatino que consinta esclarecer, mesmo no sentido técnico, o significado do termo *intellectus* e, por consequência, precisar sua ligação com a *vox* que constitui sua tradução em termos linguísticos; o homem de fato instituiu os termos para manifestar os conceitos.[85] Segundo o mestre palatino, o ato cognitivo é dividido em três etapas: *sensus*,

---
84 Mariateresa Fumagalli Beonio Brocchieri, *La logica di Abelardo*, cit., p. 93.
85 *Cf.* Pedro Abelardo, Logica "Ingredientibus", Glossae super Peri hermeneias, cit., p. 318.

imaginatio, intellectus, cada uma delas, respectivamente, constituindo o fundamento daquilo que a segue:

> *a qualquer um dos cinco sentidos capturando uma realidade qualquer impõe-se imediatamente uma noção da mesma. Vendo, ouvindo, cheirando, degustando ou tocando algo, imediatamente tornamos objeto de intelecção aquilo que percebemos com os sentidos. A fraqueza humana é obrigada a se elevar a partir das sensações até os conceitos, para que, com dificuldade, possamos formar, por meio de uma intelecção, algo que não esteja ligado por similitude com as coisas corpóreas que conhecemos pela experiência sensível.*[86]

O *sensus* tem a função de nos colocar em contato com a realidade corpórea, e portanto, em plena coerência com os pressupostos ontológicos do pensamento abelardiano, com os entes individuais; esta relação se explica de um modo duplo: em primeiro lugar, mediante o instrumento através do qual o sentido exercita a sua função; em segundo lugar, em referência ao objeto em relação ao qual tal função se exercita.

> *Para poderem ser exercitados, os sentidos precisam de instrumentos corpóreos e percebem apenas os corpos ou os acidentes próprios dos corpos; assim, o sentido da visão percebe a cor e*

---

86 Pedro Abelardo, *Tractatus de intellectibus*. MORIN, P. (Ed.). Paris: Vrin, 1994, p. 24-26.

o comprimento; a audição, o som que se produz no ar; o paladar, o sabor; o olfato, o odor; o tato, a cor, a rugosidade, a dureza.[87]

Tal caracterização, por um lado, identifica bem a função fundadora do *sensus* em relação a qualquer tipo de conhecimento[88]; por outro lado, define os limites estruturais deste primeiro nível do conhecimento humano, para o qual os sentidos, "que são guias dos conceitos, percebem como separadas entre si as coisas, juntamente às formas exteriores".[89]

O sentido, portanto, não nos permite superar o aspecto superficial das coisas, tanto que, na *Logica "Ingredientibus"*, Abelardo afirma que, por meio do *sensus*, "captamos a coisa com leveza (*leviter*)";[90] isto nos coloca em contato com os acidentes.[91] Este primeiro degrau do conhecimento nos leva à direção da própria superação; por esta razão, o problema de sua verdade não pode ser confrontado separada e isoladamente, mas apenas dentro de um processo que adquire significado e completude através de uma visão sintética de todos os momentos.

A segunda etapa da ação cognitiva é constituída pela *imaginatio*: "a imaginação é um conhecimento do ânimo

---

87 Pedro Abelardo, Logica "Ingredientibus", Glossae super Peri hermeneias, *cit.*, p. 313.
88 *Cf.* Pedro Abelardo, Logica "Nostrorum petitioni sociorum", Glossae super Porphyrium, *cit.*, p. 524.
89 *Ibidem*.
90 Pedro Abelardo, Logica "Ingredientibus", Glossae super Peri hermeneias, *cit.*, p. 317.
91 *Cf.* Pedro Abelardo, Logica "Ingredientibus", Glossae super Porphyrium, *cit.*, p. 95.

com o qual captamos a imagem da coisa sem discernir nesta a sua natureza ou a sua propriedade",[92] mesmo que, neste caso, a definição do termo coloque lado a lado as características positivas e as determinações negativas que, identificando uma privação ou uma falta, encaminham-se em direção a uma finalização da ação cognitiva do homem em um nível superior. Estando claro que a *imaginatio* é nível incompleto no que concerne ao conhecimento e, portanto, estando indicada a sua distância do *intellectus*, momento conclusivo do processo gnoseológico segundo o mestre palatino, resta ver em que modo, no que se refere ao nível da *imaginatio*, distingue-se do quanto identificamos como próprio do nível do *sensus*.

A primeira vantagem da *imaginatio*, vantagem que se representa também no nível do *intellectus*, em relação ao *sensus*, é representada pelo fato de que a *imago* permanece também após o desaparecimento ou a destruição da coisa a que se refere:

> *A percepção sensível que adquirimos por meio da própria coisa, não através de uma similitude desta, necessariamente desaparece se a coisa é retirada; a imaginação ou a intelecção, que atuam por meio de uma certa imagem da coisa, que o ânimo compõe, mantém-se, ainda que se retire ou completamente se destrua a coisa.*[93]

---
92 Pedro Abelardo, Logica "Ingredientibus", Glossae super Peri hermeneias, *cit.*, p. 317-318.
93 *Ibid.*, p. 314.

Portanto, é claro que os níveis superiores da atividade gnoseológica não têm a ver com as coisas ou os indivíduos, mas com suas imagens, no sentido mais técnico, com as suas *similitudes*. Exatamente este aspecto sugere uma distinção ulterior com relação ao *sensus*, já que *effigies*, *imago*, *similitudo* são resultados de uma ação por parte do sujeito conhecedor, e não de um puro e simples registro de um dado, como acontece, ao contrário, no nível do *sensus*: "o ânimo compõe por si mesmo estas imagens das coisas de forma a examinar estas naquelas".[94]

A atividade especulativa, dessa forma, não se exercita sobre os objetos, mas sobre as *effigies*; em todo caso, Abelardo fala também de *formae imaginariae* que, mesmo não tendo estatuto de realidade, refletem as coisas como espelhos, conservando suas características e consentindo, portanto, no exercício da ação da *imaginatio*, e também do *intellectus*, que não necessitam dos instrumentos corpóreos para explicar a própria função.

Todavia, o papel das *imagines/similitudines* na gnoseologia abelardiana não acaba neste seu serem constituídas para refletir e conservar o que, uma vez percebido, não está mais presente; estas representam o ponto de passagem fundamental da atividade gnoseológica.[95] Há, porém, uma exceção significativa pela extensão do discurso no nível teológico,

---
94 *Ibidem*.
95 *Cf. Ibid.*, p. 317: "não existe capacidade de intelecção do homem sem imaginação".

representada pelo caso em que a coisa esteja presente em si mesma:

> *de fato, enquanto a coisa está presente, coisa captada por meio do sentido, não temos necessidade da imagem, o sentido e o pensamento captam a própria verdade da coisa sem nenhuma mediação da imagem.*[96]

Portanto, é evidente que, para o mestre palatino, as *res* e as *imagines* se excluem reciprocamente, mas a exceção representada pelo caso em questão não deve levar ao engano; o percurso do aperfeiçoamento progressivo do processo cognitivo que Abelardo ilustra é assinalado pela passagem da *res* à *imago* e, sucessivamente, ao *intellectus*, que leva a um grau de perfeição os aspectos de confusão próprios do nível imaginativo.[97] O mesmo autor, de fato, quase no fim de seu *excursus*, afirma que a distinção entre *imaginatio* e *intellectus* resulta mais ágil no caso em que a própria coisa não esteja presente e não possa, portanto, ser captada através dos sentidos.[98] A *imaginatio* é, assim, constituída de um "*figere animum in re*",[99] que, todavia, se detém no nível da coisa considerada *simpliciter* sem conseguir captar sua natureza e suas propriedades, esta última, tarefa de pertinência exclusiva do *intellectus*.[100]

---

96 *Ibid.*, p. 315.
97 *Cf. Ibid.*, p. 316.
98 *Cf. Ibid.*, p. 317: "Se a coisa que o sentido pode captar não está presente, é possível distinguir mais facilmente a imaginação e o intelecto".
99 *Ibidem*.
100 Abelardo reforça muitas vezes que o *intellectus* se diferencia da

As últimas explicações relativas ao papel e às funções da *imaginatio* esclareceram, ao menos sumariamente, qual é a tarefa do *intellectus* segundo Abelardo; em primeiro lugar, é ressaltado que este, mesmo representando o ápice do processo cognitivo, não se exercita sobre um objeto diferente em relação às outras duas faculdades: "A sensibilidade, a imaginação e a intelecção captam *de modos diversos* (*aliter*) a mesma coisa ao mesmo tempo".[101]

A ocorrência tripla do advérbio *aliter* indica, de fato, que o que varia na passagem de um nível ao outro é o tipo de consideração colocada em ato; apenas em consequência disto é que as três faculdades captam elementos diversos; apenas neste sentido, então, é possível falar de objetos diversos. A tarefa do *intellectus*, como já vimos, é aquela de captar a natureza e as propriedades da coisa que foi anteriormente objeto do *sensus* e em seguida da *imaginatio*; desta forma, ele leva ao total desenvolvimento o processo iniciado no primeiro momento:

> *De fato, quando uma certa coisa é objeto do sentido e do pensamento, nasce antes de tudo na mente uma imaginação dessa, em seguida o intelecto* mais completamente *distingue as partes da coisa, que tinham sido pressupostas de modo confuso pela imaginação.*[102]

---

imaginatio porque, diferentemente desta, consegue captar a natureza e as propriedades da coisa; *cf. ibid.*, p. 317-318.
101 *Ibid.*, p. 317 (itálicos meus): "*Aliter* autem sensus, *aliter* imaginatio, *aliter* intellectus rem eandem et in eodem tempore percipient".
102 *Ibid.*, p. 316-317 (itálico meu).

A partir desta caracterização, é possível derivar duas consequências, ambas significativas para a aplicação do discurso no nível teológico: em primeiro lugar, o *intellectus* necessita da ação proveniente das faculdades precedentes; estas de fato "constituem" (em sentido quase kantiano) o objeto sobre o qual se exercita o trabalho do *intellectus*: "Não há intelecção sem imaginação, é necessário o imperfeito para que possa existir o perfeito, se não houve uma meia casa, não pode haver uma casa".[103]

Esta observação parece indicar com precisão a recusa, por parte do mestre palatino, de qualquer perspectiva de intuição da verdade, em favor de um percurso de construção da própria verdade.

Em segundo lugar, em sintonia com o caráter substancialmente unitário do processo cognitivo dentro da elaboração abelardiana, é possível afirmar que nenhum conhecimento é perfeito se não chega ao nível do *intellectus*, se o percurso anteriormente desenhado não nos consente captar a natureza e as propriedades da coisa. Neste sentido, impõe-se uma última observação que constitui a conclusão do *excursus* gnoseológico interno à *Logica "Ingredientibus"*: a incompletude do processo gnoselógico; a incapacidade, portanto, de se chegar a *intelligere* a coisa em objeto, enfraquece também a linguagem, porque os termos faltam à própria função; em suma, a um conhecimento pela metade corresponde uma linguagem imprecisa, já que, segundo as palavras do mestre palatino:

---

103 *Ibid.*, p. 318.

> *indicada a diferença da intelecção em relação à sensibilidade e à imaginação, é fácil mostrar que os termos não foram inventados para manifestar conhecimentos sensíveis ou imagens, mas apenas conceitos, como sustenta Aristóteles.*[104]

2. Ética

> *Tu sabes: eu, que muito pequei,*
> *sou completamente inocente.*
>
> Heloísa

2.1. Scito te ipsum (Ethica)

A *Ethica*, cuja composição remonta, provavelmente, aos últimos anos de vida de Abelardo e precede por pouco tempo o Concílio de Sens, em que algumas proposições tiradas desta foram condenadas, deveria ser dividida, segundo seu projeto inicial, em dois livros: o primeiro dedicado aos vícios, o segundo, às virtudes. A obra que conhecemos limita-se ao primeiro livro e, com base em apenas um dos cinco manuscritos até hoje conhecidos, a poucas frases do começo do segundo;[105] é difícil estabelecer se este foi terminado e depois perdido, ou se o próprio autor decidiu não completar a obra, sendo possível, neste caso, formular diversas hipóteses que expliquem tal escolha.

---

104 *Ibidem*.
105 *Cf.* Pedro Abelardo, *Scito te ipsum (Ethica)*, in LUSCOMBE, D. E. (Ed.). Oxford: Clarendon Press, 1971. [Tradução italiana de M. Dal Pra. Florença: La Nuova Italia, 1976, com texto latino no apêndice; nova edição por M. Parodi e M. Rossini, Milão: Mondadori, 1995].

A obra apresenta muitas características de novidade. A primeira certamente é representada pela escolha de dedicar aos problemas morais um espaço de pesquisa autônomo através de um tratado independente; servindo-se de fontes já conhecidas, provenientes seja dos autores cristãos,[106] seja dos clássicos da cultura pagã,[107] Abelardo estrutura a própria exposição de forma original, baseando-se nos princípios filosóficos de fundo que representaram a essência de toda a sua pesquisa filosófica.

O argumento central, ainda que não exclusivo, do primeiro livro se constitui dos vícios do ânimo "que inclinam às más ações",[108] os únicos eticamente relevantes, diferentemente dos vícios do corpo, como a robustez ou a fraqueza, e dos vícios do ânimo, como ser dotado ou desprovido de uma boa memória, que "não tornam a vida digna de repreensão ou de louvores"[109]. Abelardo define assim, através de um procedimento clássico de divisão lógica, o âmbito do próprio tratado; em seguida, por meio de uma distinção dupla, fundamental para a implantação total da obra, identifica e isola o objeto da própria pesquisa, constituído pelo pecado.

---

106   Particularmente, os Padres da Igreja latina, sobretudo Agostinho, mas também Jerônimo, Ambrósio e Gregório Magno.
107   Cícero, Sêneca, Virgílio, Ovídio e Horácio. Segundo Luscombe, o vocabulário ético abelardiano provém principalmente dos moralistas pagãos e, em particular, de Cícero; *cf.* LUSCOMBE, D. E. (Ed.), Peter Abelard and Twelfth-Century ethics, *in* Pedro Abelardo, *Scito te ipsum (Ethica)*, *cit.*, p. XV.
108   Pedro Abelardo, *Ethica*, *in* PARODI, M.; ROSSINI, M. (Ed.). Milão: Mondadori, 1995, p. 25-26.
109   *Ibidem*.

Antes de tudo, é necessário distinguir pecado e vício do ânimo; por se tratar de uma inclinação inata da alma, este (o vício) não é imputável ao homem, que pode também transformar esse dado da natureza em um terreno de luta interior, porque a batalha iniciada pelos vícios "é tanto mais perigosa quanto mais frequente for, e a vitória traz glórias tanto maiores quanto mais difícil ela for".[110]

O espírito do homem, portanto, ao menos inicialmente parece dotado de uma plena liberdade em relação às disposições inatas, de tal forma é delineado o primeiro limite útil a delimitar o espaço dentro do qual se moverá a ação humana eticamente relevante.

A segunda distinção, apenas citada na parte inicial da obra, e examinada em seguida de forma mais ampla, separa o pecado da má ação (*actio mala*). Com a identificação do segundo limite, representado pela exterioridade própria da ação, sujeita às múltiplas contingências e aos mais variados imprevistos da vida, resulta plenamente constituída aquela zona intermediária (entre disposições inatas imodificáveis e eventos externos indomináveis) dentro da qual o ato eticamente relevante amadurece e se desenvolve – a ser entendido também como pleno exercício da liberdade própria de cada homem.

---

110 *Ibid*, p. 27; *cf.* Pedro Abelardo, *Dialogus inter philosophum, iudaeum et christianum*, in THOMAS, R. (Ed.). Suttgart: Bad Cannstatt, 1970. Tradução italiana de de C. Trovò, Milão: Rizzoli, 1992, p. 191: "Onde não há batalha alguma contra algo que se opõe, não há a coroa da virtude vitoriosa" (neste caso, é o filósofo quem fala, mas cita como *auctoritas* 2 Tm 2,5).

Identificado e delimitado o espaço do ato ético relevante, atribuível à responsabilidade humana, Abelardo pode precisar então o seu elemento distintivo e caracterizante, aquele que não pode faltar em nenhum pecado: "Chamo agora a este consenso propriamente de pecado, ou seja, culpa da alma pela qual esta merece a danação, ou vem a se colocar em condição de ré perante a Deus".[111]

A identificação entre consenso e pecado constitui o ponto de chegada do percurso iniciado com a dupla distinção recordada anteriormente: isto permite, de um lado, identificar o elemento de mediação entre interioridade e exterioridade e, de outro lado, torna evidente a impostação teológica da ética abelardiana.[112]

O *consensus* permite identificar uma subterrânea herança aristotélica da primeira parte da *Ethica*: na disposição inata está de fato presente, como em potência, a possibilidade de pecar, enquanto o *consensus*, como deliberação, leva ao ato tal potencialidade. Esta passagem é possível apenas a partir do consenso que resulta, portanto, elemento suficiente para que se determine o pecado, confirmando indiretamente o caráter acessório da ação que, em relação ao pecado, constitui um "ato segundo". Para efeitos de juízo moral, é de fato irrelevante que o consenso crie efetivamente uma ação ou, devido ao impedimento de

---

111 *Ibid.*, p. 34.
112 *Cf.* D. E. Luscombe, *Peter Abelard and twelfth-century ethics*, cit., p. XXXI, que define a *Ethica* como uma "monografia teológica em torno dos aspectos morais da religião cristã".

causas externas, que ela não aconteça; parece, então, correto falar de ética abelardiana como uma ética da interioridade. Tal definição, todavia, corre o risco de resultar genérica se não se estabelece com precisão o que é o consenso e em que modo ele determina a passagem do pecado, da potência ao ato. É este o âmago teórico da ética abelardiana e, como ficará evidente mais tarde, a fonte de suas múltiplas e profundas antinomias.

As expressões de Abelardo parecem suficientemente claras, ao menos em um primeiro nível de leitura:

> *o que é de fato este consenso se não o desprezo de Deus e a ofensa a ele feita? Deus, de fato, não pode ser ofendido pelo dano, mas pelo desprezo [...]. O nosso pecado é, portanto, o desprezo ao Criador, ou seja, não fazer por ele aquilo que acreditamos que por ele devemos fazer, ou não desprezar, por ele, aquilo que acreditamos que deveríamos desprezar.*[113]

O elemento parcialmente objetivo que transparece na segunda parte da citação apresenta uma tábula de valores sobre a qual medir a ação humana, e parece comprometer em sua solidez a ética da interioridade. Antes de nos atermos de forma mais analítica a este cerne do pensamento ético abelardiano, é oportuno seguir o autor em seu esforço de precisar os contornos do pecado e a sua identificação com o *consensus*, para obtermos mais indicações úteis para examinar os problemas agora assinalados.

---
113 Pedro Abelardo, *Ethica, cit.*, p. 34.

Os dois elementos em torno aos quais gira a análise são pecado e *voluntas*; um esclarecimento é necessário sobre a que se refere este último termo, porque este, na obra abelardiana, indica não tanto aquilo que tange à responsabilidade do indivíduo quanto um elemento inato. Portanto, é compreensível por que a vontade não pode entrar na definição do pecado:

> *Como às vezes pecamos sem nenhuma vontade má e como a própria vontade má, refreada e não extinta, premia aqueles que sabem resistir, oferecendo-lhes chance de luta e uma coroa de glória, não se deve dizer que ela seja pecado, mas sim uma fraqueza necessária* (infirmitas necessaria).[114]

A distinção entre pecado e *mala voluntas* é claríssima; esta última transforma-se em um elemento para se exercitar a luta e ao qual se opor, e assim, como anteriormente aconteceu em relação aos vícios do ânimo, o mérito do homem se determina com base em sua capacidade de ignorar, descondicionar-se ou até reprimir os elementos inatos dos quais é constituído. Assim, Abelardo, depois de uma série de exemplos para mostrar que o pecado pode existir também sem vontade má (e, paralelamente, que da existência desta não necessariamente descende a presença do pecado), pode reiterar que "não se pode chamar de pecado a própria vontade ou o desejo de

---

114 *Ibid.*, p. 36; *cf.* JOLIVET, J. *Abelardo. Dialettica e mistero*. Milão: Jaca Book, 1996, p. 85: "De qualquer forma, portanto, o pecado não reside na vontade".

fazer o que não é lícito, mas sim, como foi dito, o consenso à vontade ou ao desejo".[115]

Até este ponto, Abelardo caracterizou o pecado distinguindo-o e separando-o dos elementos inatos presentes na interioridade do homem; agora, retomando a segunda distinção proposta nas páginas iniciais da obra, aquela entre pecado e *actio mala*, examina o pecado em relação aos elementos exteriores. A ação já foi apresentada como eticamente irrelevante, mas apenas agora se esclarecem os motivos desta afirmação: em primeiro lugar, se a ação por si mesma fosse pecaminosa, então "não se poderia jamais cometer algo de similar sem pecar";[116] portanto nada salvaria da condenação todas as ações do mesmo tipo, mesmo se cometidas de forma lícita. O exemplo mais evidente, que trai certamente mais de um ponto autobiográfico, é o do ato sexual que, se fosse considerado pecaminoso por si mesmo, tornaria condenável também o relacionamento entre os cônjuges fundado, entretanto, na licitude do matrimônio. Em segundo lugar, atribuir valor ético à ação comportaria sua absolutização com a consequente negação de qualquer evolução história no juízo sobre determinados tipos de ação; Abelardo se refere por exemplo à proibição de se comer carne de porco, válida para o povo hebreu, mas completamente nula para os cristãos. Todavia, convém notar que a irrelevância ética da ação não se apoia, nos dois casos agora recordados, em um mesmo fundamento: enquanto, no

---

115 *Ibid.*, p. 42.
116 *Ibid.*, p. 50.

que tange ao matrimônio, ela descende diretamente de elementos de interioridade em alguma medida conectados à intenção com que a ação é feita, no caso da proibição alimentar, entretanto, a falta de valor está conectada à variação da tábula dos juízos, e portanto à presença ou à falta de uma proibição explícita divina. No segundo caso, estamos frente à completa dependência de um elemento exterior e objetivo, como parece reconhecer o próprio Abelardo: "quem teria a coragem de dizer que alguém peca em relação àquilo que uma concessão de Deus torna plenamente lícito?"[117]

A ação não se identifica com o pecado e "não tem nada a ver com um aumento do pecado",[118] sustenta o autor, com base em uma passagem evangélica bem conhecida;[119] portanto, as proibições abundantes no texto sagrado não se referem à ação, mas ao consenso. Mais uma vez, o elemento da interioridade, colocado em constante conexão com o conhecimento da norma, representa um método de avaliação da relevância ética, tanto que uma mesma ação pode ser avaliada de formas opostas em caso de referência à *sola intentio*. Este novo termo, que emerge do exame da conexão entre pecado e elementos exteriores ao sujeito, serve para reforçar o papel da interioridade; portanto, é possível sustentar que

> *o* peccatum *resulte destes dois aspectos: do* consensus *em relação à* mala voluntas *e da* intentio

---

117 *Ibid.*, p. 51.
118 *Ibid.*, p. 54.
119 *Cf.* Mt 15,11.

em relação à ação; pode-se expressar o mesmo conceito dizendo que o peccatum *é* consensus *do ponto de vista retrospectivo (em referência à inclinação inata) e é* intentio *do ponto de vista prospectivo (em referência à ação).*[120]

Todavia, como já ocorreu anteriormente, quando o componente interior e subjetivo da ética abelardiana entra em relação com o aspecto objetivo representado pelas normas, emergem aspectos de ambiguidade que colocam em discussão o rigor da argumentação. Para reforçar as próprias considerações sobre a *intentio*, Abelardo examina o episódio evangélico em que Cristo proíbe que se divulguem alguns de seus milagres:[121] "portanto, Deus ordenou coisas que não seria conveniente que fossem feitas; assim como proibiu coisas que seria conveniente que fossem feitas".[122]

O objetivo do autor é certamente o de mostrar que duas ações contrárias podem obter uma avaliação moral positiva, se consideradas com base na *intentio* que as apoia: é correta a proibição de Cristo, que pretende de tal forma fornecer um exemplo de humildade, e também correta, ao mesmo tempo, é a ação daqueles discípulos que, indo contra a

---
120 DAL PRA, M. (Ed.). Introdução a *Conosci te stesso o Etica*, de Pedro Abelardo. Florença: La Nuova Italia, 1976, p. 33, nota 76; *cf.* LUSCOMBE, D. E. *Peter Abelard and twelfth-century ethics*, cit., p. XXXIV: "o consenso como constituinte invariável e indispensável do pecado não pode ser confundido com a tentação ou o apetite, nem mesmo com a vontade".
121 *Cf.* Mc 7,36.
122 *Ibid.*, p. 59.

proibição de seu mestre, pretendiam não desprezar sua autoridade, mas sim tornar conhecidos seus milagres para melhor o honrar. Todavia, uma rigorosa consideração do ato moral que parta da intenção evidencia, em uma análise mais atenta, elementos de incerteza, e sobretudo revela questões de efeito perturbador sobre a própria implantação da reflexão abelardiana.[123]

Abelardo, antes de aprofundar sua posição, reassume os resultados colhidos pela análise dos elementos em jogo no ato ético:

> Como premissa, destacamos quatro coisas para a distinguir diligentemente umas das outras: o vício do ânimo que nos torna inclinados ao pecado; o próprio pecado que estabelecemos no consenso em relação ao mal e no desprezo a Deus; e então, a vontade do mal e enfim o ato pecaminoso.[124]

A esta síntese, seguem algumas observações sobre o aspecto dinâmico do pecado, que encontra o próprio centro no *consensus*, mas é constituído de um desenvolvimento caracterizado por três fases sucessivas: sugestão, prazer e consenso, ao fim das quais se coloca o ato pecaminoso.

Esta dinâmica torna evidentes os vários níveis em que é possível examinar o processo inteiro, separando

---

123 O problema parece sempre o mesmo, mesmo se declinado em formas diversas: qual é a relação correta entre interioridade e exterioridade? O que autoriza, em termos de motivação interior, a violação do comando da autoridade? O que torna lícita uma violação da norma?
124 Pedro Abelardo, *Ethica, cit.*, p. 59-60.

a avaliação humana, necessariamente levada a tomar em consideração os elementos exteriores, também em função de prevenção e controle social, da avaliação de Deus que, sondando "o coração e os rins dos homens [...] veem o que está escondido".[125] A divisão explícita entre *foro externo* e *foro interno*, além de distinguir a análise ética abelardiana das avaliações próprias dos penitenciais da época, esclarece o que está em jogo no interior do pecado. Abelardo de fato não nega importância, e até bondade, ao nível da exterioridade, mas não está disposto a admitir que isto adicione valor e mérito ao conteúdo moral, já que a bondade da ação, e portanto de qualquer aspecto exterior, é função derivada daquela da intenção e desta descende, segundo um percurso irreversível: "A intenção, chamamo-la de boa, ou seja, reta, por si mesma; a ação, entretanto, chamamo-la de boa não porque implique algo de bem em si mesma, mas porque procede de uma boa intenção".[126]

O termo *bem* é, portanto, utilizado com significados diversos, dependendo de estar relacionado à intenção ou à ação; com argumentações que se referem aos estudos de lógica, Abelardo sustenta que uma mesma ação pode assumir valores éticos diversos, dependendo de ser sustentada por uma intenção boa ou por uma intenção má.

---

125 *Ibid.*, p. 69 [*cf.* Jer 20,12 e Mt 6,4].
126 *Ibid.*, p. 86.

> *Portanto, se um homem cumpre a mesma ação em tempos diversos, inspirada em intenções diversas, diz-se sobre a mesma ação em um caso boa e no outro, má; assim parece que ela muda em relação ao bem ou ao mal; do mesmo modo, a proposição "Sócrates está sentado", ou então a compreensão intelectiva desta, torna-se verdadeira ou falsa no caso de Sócrates estar sentado ou em pé.* [127]

Assim como o valor da verdade de uma proposição exige a referência à *res subiecta* por esta significada, também o valor ético de uma ação exige a referência à *intentio* da qual ela foi gerada. A insistência sobre os caráteres e o valor da *intentio* desequilibrou bastante o tratado abelardiano quanto aos aspectos subjetivos e interiores, e paralelamente contextualizou o elemento objetivo constituído pela existência da norma como medida da ação do homem. A relação dialética entre estes dois momentos, caracterizada por tentativas de síntese que acompanham oposições contínuas, representa uma das constantes da reflexão ética do mestre palatino e reemerge, no fim do tratado dedicado à *intentio*, do estudo de caso dos perseguidores dos mártires e de Cristo.

A questão do autor é muito clara e inicia um tratado que assume, também pelos aspectos estruturais a essa conectados, o andamento de uma verdadeira e própria *quaestio*:

---

[127] *Ibidem.*

> *Alguém poderia se perguntar se os perseguidores dos mártires ou de Cristo pecaram em uma daquelas ações com que acreditavam agradar a Deus, ou se puderam omitir sem pecado aquilo que acreditavam que não deveriam de forma alguma omitir.*[128]

A ação dos perseguidores de Cristo não entra na categoria do pecado compreendido como desprezo a Deus, eles de fato cumpriram seu gesto "exatamente em honra a Deus";[129] a ignorância, além disso, não pode gerar o pecado, falta neste caso o conhecimento da norma e a conseguinte consciência de não a respeitar, aspecto fundamental do pecado compreendido como desprezo a Deus. A conclusão rigorosa deste raciocínio deveria ser a de que os perseguidores de Cristo e dos mártires não apenas não pecaram como também cumpriram, segundo a avaliação da moral da intenção, uma ação eticamente positiva. No esforço de evitar esta *perigosa* (do ponto de vista teológico, claro) conclusão, e ao mesmo tempo explicar os pedidos de perdão de Cristo na cruz e de Estêvão, o primeiro mártir cristão, Abelardo apresenta a distinção entre dois significados do termo "pecado". No *sentido próprio*, o termo é compreendido como desprezo a Deus e ao mesmo tempo consenso ao mal, em plena coerência com a reflexão das primeiras páginas da *Ethica*, por isso é necessária a plena consciência da norma objeto da violação; por consequência,

---

128 *Ibid.*, p. 95.
129 *Ibidem.*

> *não pode ser chamado propriamente de pecado, ou seja, desprezo a Deus, o que eles fizeram por ignorância, nem mesmo a própria ignorância, assim também não constitui pecado serem infiéis, apesar de isto impedir o acesso à vida eterna àqueles que chegaram ao uso da razão.*[130]

Todavia, os perseguidores de Cristo e os infiéis, segundo as palavras do Evangelho de João, não obtêm a salvação por causa de um pecado por ignorância; aparece assim o segundo significado do termo "pecado", ou pecado *em sentido amplo,* "aquilo que não é conveniente que cumpramos, independentemente de se cumprir por erro ou por negligência, ou de qualquer outra forma inoportuna".[131]

Um pecado sem culpa e sem nem mesmo o desprezo a Deus não é, segundo os critérios éticos analisados até agora, nem mesmo um pecado. Por este motivo, Abelardo não pode deixar de explicar o juízo divino de condenação com base nas palavras do salmo:

> *"Os juízos de Deus são um grande abismo" (Sl 36, 6), o qual às vezes atrai os recalcitrantes e os atenciosos à salvação, ao mesmo tempo que, no profundo mistério de seus decretos incompreensíveis, rejeita aqueles que a ele se oferecem e que estão mais prontos à fé.*[132]

---
130 *Ibid.*, p. 99.
131 *Ibid.*, p. 103.
132 *Ibid.*, p. 101-102. Sobre este tema e sobre suas repercussões na relação entre ética e teologia, veja a seção *Problemas abertos*, dentro de "História da recensão", p. 165-205 deste livro.

A distinção entre pecado no sentido próprio e pecado no sentido amplo, introduzida na tentativa de superar uma contradição que parece insolúvel, é útil também para esclarecer a real situação existencial do homem que na vida presente não pode permanecer imune a pecados do segundo tipo, enquanto, mesmo que à custa de grandes esforços, pode evitar os pecados no sentido próprio. A este propósito, Abelardo, em plena sintonia com os escritos éticos a ele contemporâneos, introduz a subdivisão dos pecados em leves, veniais e graves. A distinção baseia-se no consenso que representa, neste caso, aquilo que podemos chamar de gênero próximo dos diversos tipos de pecado; junto a isto, está a diferença específica que torna possível a divisão, representada pelo grau diferente de consciência com que consentimos o próprio pecado. Estamos dentro do gênero dos pecados no sentido próprio, segundo a distinção formulada na discussão sobre a sorte dos perseguidores de Cristo; portanto, a diferença entre as espécies do pecado não pode não ser conectada à intensidade diferente do consenso que pode se tornar mínimo, mas não pode desaparecer, sob pena da mudança de gênero. "Quando consentimos naquilo que sabemos que não se deve consentir, sem, todavia, no momento oportuno nos lembrarmos daquela proibição que entretanto conhecemos",[133] então pecamos no sentido leve; quando, entretanto, o consenso é dado

---

133 *Ibid.*, p. 104.

"quase calculada e deliberadamente",[134] então o pecado é grave. Consenso e conhecimento da norma objeto da violação, imprescindíveis a este gênero de pecados, são elementos subjetivos e interiores; todavia, pela enésima vez ressurge a dialética entre subjetividade e objetividade, entre intenção e norma, que constitui o tom de toda a *Ethica* abelardiana, apresentado neste caso por uma consideração dos pecados em si mesmos, com base na menor ou na maior ofensa que estes causam a Deus. Neste nível, o gênero próximo é representado pelo desprezo a Deus e, como anteriormente, a diferença específica do grau de intensidade diverso do elemento que é o fundamento do gênero: "procuramos em qual caso se dá a culpa mais grave, ou seja, em que se ofenda ou se despreza mais gravemente a Deus".[135]

Como aconteceu em mais de uma ocasião, *intentio* e *consensus* desaparecem do contexto de forma inversamente proporcional ao aparecimento da norma com seus elementos objetivos. Quando então se pergunta qual é o elemento com base no qual são diversamente graduadas as culpas em uma escala ascendente, Abelardo não tem dúvidas e responde que a lei divina nos pode ensinar enquanto estabelece penas mais ou menos graves conforme a ofensa a Deus é maior ou menor.

Com estas considerações, chega ao fim a parte do primeiro livro dedicada ao exame do pecado, de

---
134 *Ibid.*, p. 105.
135 *Ibid.*, p. 107.

seus fundamentos e de suas características: o homem justo tem à sua disposição os instrumentos cognitivos que lhe permitem evitar o mal, porque ele não pode "deixar de ter um exato conhecimento do mal, e não pode evitar o vício sem antes o ter conhecido".[136]

A parte restante do primeiro livro é dedicada ao exame das três fases da reconciliação: arrependimento, confissão e satisfação. O arrependimento é imediatamente sujeito à dialética entre interioridade e exterioridade: duas são as formas do arrependimento, a primeira deriva do amor de Deus, e a outra, do temor; evidente a exigência da distinção entre pecado no sentido estrito e pecado no sentido amplo. O arrependimento, fundamentado na *contritio animi / cordis*, representa, na reconciliação total, o momento da interioridade em que se juntam a confissão e a satisfação como elementos da exterioridade. A centralidade do *consensus* no exame do pecado encontra correspondência na centralidade do arrependimento no interior da reconciliação, em plena sintonia com a tentativa abelardiana de construir uma ética da interioridade. Para a existência do pecado, bastava o elemento do *consensus*, mesmo se a este não se seguisse a realização efetiva do ato pecaminoso; assim, a reconciliação pode se considerar completa através da simples penitência eficaz, mesmo se o pecador não puder fazer com que se sigam a ela a confissão e a satisfação. Os dois momentos da exterioridade não são considerados irrelevantes em si; todavia, como já

---

136 *Ibid.*, p. 108.

aconteceu com a *actio mala*, seu cumprimento efetivo não parece adicionar elementos determinantes à reconciliação do pecador. A este propósito, é lembrada a ação com que Pedro renegou Jesus, que não foi seguida, segundo o que relatam os Evangelhos, de nenhuma confissão ou satisfação. Também entre os aspectos interiores e exteriores da reconciliação está presente a mesma dialética entre oposição e síntese, que é revelada na definição do pecado. Assim, Abelardo ressalta o valor das penas por meio das quais, na vida presente, fazemos penitência para os pecados cometidos.[137]

Confissão e satisfação são atos a seu modo públicos. A confissão não é, portanto, voltada a Deus, mas deve ser feita com um sacerdote que, assumindo o papel do médico que cura as feridas, estabelece satisfação para o pecado cometido. Os aspectos exteriores da reconciliação ressaltam a função e o papel dos sacerdotes, além de sua retidão; por este motivo, as últimas páginas do primeiro livro são dedicadas ao poder de dissolução e de conexão, próprios, segundo Abelardo, apenas dos bispos.

O primeiro livro termina com uma afirmação metodológica que, de forma levemente mudada, existe também nos textos de teologia: "a mim basta, em todas as coisas que escrevo, expor mais a minha opinião do que propor a definição da verdade";[138] palavras que servem

---

137 *Cf.* DAL PRA, M. Introdução a *Conosci te stesso o Etica*, de Pedro Abelardo, *cit.*, p. 106-107, nota 255.
138 *Ibid*, p. 148.

para colocar todo o tratado no âmbito especifico da discussão entre opiniões diversas, que se exercita através do instrumento racional, do correto uso da terminologia e das regras da lógica. O primeiro livro, e no fundo a própria obra, termina, portanto, com uma declaração de confiança no valor da discussão livre e aberta, não viciada por ódio pessoal ou rivalidades injustificadas, como relembram, através de uma referência autobiográfica não muito velada, as linhas conclusivas: "frequentemente, nestes tempos, a causa também manifesta da verdade inflama de inveja e de ódio aqueles que são eminentes no campo da religião".[139]

Ethica seu Scito te ipsum (esquema)

A. O VÍCIO
   A.1. Vícios do corpo e da alma
      A1.1. Vício da alma com inclinação ao mal

B. O PECADO
   B.1. O consenso como pecado
   B.2 Pecado e desprezo a Deus

C. A VONTADE
   C.1. O pecado sem vontade má
   C.2 A vontade má como inimigo
   C.3 A vontade má sem pecado
   C.4 Vontade e consenso

---

139 *Ibidem*.

D. A AÇÃO
    D.1 A ação e o prazer
    D.2 A estrangeiridade da ação à alma
    D.3 Ação e consenso
        D.3.1 Os impedimentos da ação
        D.3.2 A independência do consenso

E. O PERCURSO AO PECADO (retomada)
    E.1 O vício do ânimo
    E.2 Pecado: consenso e desprezo a Deus
    E.3 A vontade má
    E.4 A ação pecaminosa

F. A AVALIAÇÃO DO PECADO
    F.1 A exterioridade: a avaliação dos homens
        F.1.1 Critério: utilidade comum e danos públicos
    F.2 A interioridade: a avaliação de Deus
        F.2.1 Critério: a intenção (o coração e os rins)

G. A AVALIAÇÃO DA AÇÃO
    G.1 A ação e a intenção
    G.2 A exemplaridade da ação
    G.3 A ação: um bem derivado

H. A INTENÇÃO
    H.1 A objetiva bondade da intenção
    H.2 O caso dos perseguidores de Cristo
        H.2.1 Pecado e linguagem: definições corretas
            H.2.1.1 Pecado e consciência: o sentido estrito
            H.2.1.2 Pecado e ignorância: o sentido amplo

I. OS GRAUS DO PECADO
  I.1 Os pecados veniais e leves
    I.1.1 O consenso sem lembrança
  I.2 Os pecados graves e condenáveis
    I.2.1 O consenso e o cálculo
  I.3 Conhecimento e defesa contra o mal

J. A RECONCILIAÇÃO: A PENITÊNCIA
  J.1 A penitência ineficaz: o temor a Deus
  J.2 A penitência eficaz: o amor a Deus
    J.2.1 A contrição do coração e o lamento
  J.3 A blasfêmia contra o espírito: o pecado imperdoável

K. A RECONCILIAÇÃO: A CONFISSÃO
  K.1 O sacerdote médico: a ferida e a cura
  K.2 A cura evitada: confissão adiada ou omitida

L. A RECONCILIAÇÃO: A SATISFAÇÃO
  L.1 A expiação: dimensão objetiva da culpa

M. O PODER DAS CHAVES
  M.1 Papel e características morais do bispo
  M.2 Decisão do bispo e justiça divina
  M.3 O poder de dissolução e conexão

2.2 *Dialogus inter philosophum, iudaeum et christianum (Collationes)*

A obra abelardiana cuja datação levantou as maiores discussões certamente é o *Dialogus*; por muito tempo acreditou-se que sua elaboração datava da fase final da vida do mestre palatino, no período de sua estada em Cluny. Em 1985, todavia, C. Mews, em um estudo dedicado a um completo reexame da cronologia das obras abelardianas,[140] deslocou a composição para os anos de 1125-1126, antes de *Ethica*, cuja redação é localizada, de acordo com o mesmo estudioso, em 1139. O próprio título da obra, por muito tempo conhecida como *Dialogus inter philosophum, iudaeum et christianum*, foi substituído, para uma maior identificação comas intenções do autor, por *Collationes*. O escrito é composto de duas conversações distintas entre si, mas inseridas em um quadro unitário por um *Prólogo*, no qual Abelardo propõe um tipo de *apologia pro vita sua*, quase uma cópia filosófica da *Historia calamitatum mearum*. Na ficção narrativa, três homens (um filósofo, um judeu e um cristão), unidos pelo monoteísmo e por um objeto único de busca, representado por Deus como "sumo bem", encontram-se em sonho com Abelardo, pedindo-lhe que fosse o juiz de sua discussão; é o filósofo que diz:

> Estive por muito tempo com estes meus companheiros e, como não conseguimos levar a termo a nossa aguerrida discussão, decidimos confiar ao teu juízo as nossas respectivas razões: sabemos de fato que tu conheces bem tanto a força das argumentações filosóficas quanto os fundamentos de

---

140 *Cf.* MEWS, C. J. On dating the works of Peter Abelard, *in Archives d'histoire doctrinale et littéraire du Moyen Âge*, Paris, v. 52, 1985, p. 73-134.

> *ambas as leis [...]. Sabemos como te sobressais por teu brilhantismo e por teu conhecimento das Escrituras. É ainda mais evidente, portanto, que és capaz de resolver esta nossa contenda e de satisfazer todas as nossas objeções, aprovando ou rejeitando os nossos argumentos.*[141]

Assim, são sinteticamente lembrados os diversos pontos dos quais partem os três homens: a lei natural para o filósofo, a lei do Antigo Testamento para o judeu e a do Novo Testamento para o cristão; ao mesmo tempo, deixa-se intuir qual será a estrutura da obra que se compõe de um primeiro diálogo entre o filósofo e o judeu e, sucessivamente, de uma segunda *collatio* entre o filósofo e o cristão.

Nas palavras iniciais, pelas quais justifica a escolha de Abelardo como juiz do debate entre os três contendentes, o *philosophus* define a *moralis filosofia* como "meta de todas as disciplinas",[142] que se constitui em torno às "definições de sumo bem e de sumo mal e de todas aquelas coisas que tornam o homem feliz ou infeliz".[143] Assim, é esclarecido o objeto do discurso, o *summum bonum*, que será tratado de modo amplo na segunda parte da obra; deve ficar claro, todavia, que neste caso nos encontramos diante de uma *antropologia do sumo bem*, porque o objeto é posto em relação com o percurso, necessariamente humano, que consente que ele seja alcançado: "o que é o sumo

---

141 Pedro Abelardo, *Dialogo fra un filosofo, un giudeo e un cristiano*. Milão: Rizzoli, 1992, p. 43. Tradução italiana de C. Trovò.
142 *Ibidem*.
143 *Ibidem*.

bem e por qual caminho ele deve ser alcançado".[144] A definição do sumo bem, à qual se volta a segunda *collatio*, é portanto *relativa a* e não *em si*: "Aqui, não nos ocupamos do sumo bem absoluto, mas do sumo bem para o homem".[145]

A discussão acerca da questão central se inicia ao fim de um percurso nada irrelevante, representado pelo *dialogus* entre o *philosophus* e o *iudeus*, no qual o *legalismo* hebraico é oposto à dedicação de Deus, que ocorre inteiramente no plano da interioridade:

> *o Senhor quer o sacrifício do coração, não ofertas de animais. O sacrifício do coração lhe basta: se o encontra, não quer outros sacrifícios; se, ao contrário, não o encontra, os outros também lhe são supérfluos.*[146]

Volta o difícil relacionamento dialético entre interioridade e exterioridade, já observado na *Ethica*, que toma a forma da contraposição entre observância da lei, completamente colocada no plano da exterioridade[147], e retidão da intenção, esclarecida pelas palavras do *philosophus*:

> *É verdade: este fervor que mostrais ao obedecer a Deus vos faz suportar muitas e grandes provas, qualquer que seja a vossa intenção. Aquilo que é*

---
144 *Ibid.*, p. 155.
145 *Ibid.*, p. 171.
146 *Ibid.*, p. 123.
147 Cf. Pedro Abelardo, *Dialogo fra un filosofo, un giudeo e un cristiano, cit.*, p. 123: "A vossa Lei, que salda os méritos ou as culpas relativos à obediência e à transgressão de seus preceitos apenas nesta vida e dá uma recompensa ou uma punição apenas terrena, usa como referência apenas a vida física".

verdadeiramente importante, porém, é saber se esta intenção é justa à luz da razão ou não.[148]

A oposição entre *zelus* e *intentio* repropõe aquela entre *actio* e *intentio* da *Ethica*, mas é declinada no interior da dialética entre lei e liberdade, que caso a caso se articula na contraposição entre lei e pecado, ou entre exterioridade e interioridade. Em toda esta fase, o filósofo é o representante da liberdade e da interioridade, colocando-se em uma dimensão de forte proximidade em relação às convicções do autor:

> *Não se pode governar um povo sem uma lei se cada um é abandonado ao seu arbítrio, livre para seguir as suas escolhas, nem se poderiam punir os malvados, reprimindo assim suas inclinações ao mal, se não fosse estabelecida uma lei que proibisse as ações maldosas.*[149]

A posição do hebreu, visando a reafirmar uma substancial prioridade da lei em relação aos perigos derivados dos arbítrios individuais, apresenta uma série de princípios importantes para a compreensão do debate sucessivo. Em primeiro lugar, a lei torna-se a medida para estabelecer a bondade ou a maldade de uma ação; responde, portanto, a uma exigência cognitiva fundamental ressaltada pelo próprio Abelardo na *Ethica*. Junto a esta utilidade de tipo gnoseológico está uma outra de caráter prático-repressivo; a lei deve de fato punir, reprimindo,

---
148 *Ibid.*, p. 65.
149 *Ibid.*, p. 57.

a inclinação ao mal,[150] erguendo-se como barreira contra a liberdade do arbítrio e as escolhas de cada indivíduo. O *iugo legis*,[151] que não apenas dirige a liberdade, mas ao mesmo tempo a oprime, apresenta-se como necessário no interior da perspectiva teórica do hebreu, que toma assim uma coloração inclinada a privilegiar a observância exterior dos preceitos, se não como elemento oposto à *intentio*, pelo menos como completamento e aperfeiçoamento desta.

No curso do tratado, Abelardo evidencia uma grande compreensão em relação aos sofrimentos do povo hebreu, que se expressa nas páginas em que o judeu elenca a opressão e a exclusão a que são sujeitos os seus correligionários:

> *Até mesmo o sono, que conforta e restaura as forças cansadas, para nós é inquieto e cheio de temor, e assim, mesmo quando dormimos, não podemos pensar em outra coisa que não ao punhal que ameaça as nossas gargantas.*[152]

No curso destas reflexões, relativas ao sentido profundo dos sofrimentos do povo hebreu e ao papel que as normas e os preceitos tiveram em sua história, o hebreu identifica a respeito da lei não apenas o

---
150 *Cf*. Pedro Abelardo, *Dialogo fra un filosofo, un giudeo e un cristiano, cit.*, p. 83: "É necessário reconhecer que [as leis escritas] são muito úteis para aumentar e dar fundamentos mais seguros à fé e para poder com mais força reprimir a inclinação ao mal".
151 *Cf*. Pedro Abelardo, *Dialogo fra un filosofo, un giudeo e un cristiano, cit.*, p. 62.
152 *Ibid.*, p. 61.

elemento diferencial, mas também o incremento de valor com base no que, apesar das distinções relembradas, ou talvez mesmo a partir destas, é possível confiar na fé. Assim, quando ele retoricamente se questiona:

> por que Deus teria escolhido a nós como povo predileto dele entre todas as gentes e nos teria dado uma lei através da qual nos tornaríamos santos, se apesar de também termos observado a lei, podemos esperar apenas as recompensas da vida atual, privilégio dos réprobos e dos eleitos,[153]

a sua resposta parece ser uma resposta indireta à questão posta pelo filósofo no início do debate: "Foi a razão que vos levou até estas doutrinas de fé ou então seguistes apenas a opinião dos homens e o afeto pela vossa estirpe?"[154]

Em suas argumentações, o hebreu reafirma a centralidade imprescindível da lei, seja do ponto de vista do caminho de fé, seja do ponto de vista ético; exatamente no interior deste segundo âmbito é que ele chega a uma leitura *in negativo* da moral da intenção, caracterizada mais pelo que esta nega ou exclui do que pelo que afirma:

> do amor a Deus e ao próximo desabrocham todas as outras virtudes do ânimo, e o mérito de uma boa vontade não é de nenhuma forma diminuído se faltam as obras. Mas como foi preciso nos separar fisicamente e espacialmente dos infiéis, para que a

---
153 *Ibid.*, p. 95-97.
154 *Ibid.*, p. 47.

sua vizinhança não nos corrompesse, assim o Senhor estabeleceu, como eu já disse, que devêssemos nos distinguir deles também pelo modo de vida.[155]

Pode parecer uma questão de tons, mas, apesar da aparente estrutura abelardiana, a afirmação guarda uma perspectiva profundamente diversa em relação àquela do mestre palatino: uma coisa é de fato sustentar, como Abelardo faz na *Ethica*, que "uma ação qualquer não tem nada a ver com um aumento do pecado";[156] outra é afirmar, como faz o hebreu neste caso, que "o mérito de uma vontade boa e perfeita não é de nenhuma forma diminuído se faltam as obras".[157] Atenção deve ser colocada nos dois verbos: sustentar que a falta das obras não diminui (*nequaquam minuitur*) o mérito da vontade boa não é a mesma coisa que sustentar que a execução das obras não aumenta (*nihil ad augmentum*) o pecado. Enquanto de fato neste segundo caso o pecado, logo também o mérito, já está determinado no nível da interioridade de forma a tornar irrelevante o momento exterior das obras, no primeiro caso, ao contrário, o mérito (e portanto também o pecado), estabelecido no nível da interioridade constitui a base em que é possível acrescentar ações diretas à observação exterior dos preceitos da lei. Isto justifica a aposta, e ao mesmo tempo a inclusão, por parte do hebreu, da lei natural no interior daquela escrita:

---
155 *Ibid.*, p. 103.
156 Pedro Abelardo, *Etica, cit.*, p. 54.
157 Pedro Abelardo, *Dialogo fra un filosofo, un giudeo e un cristiano, cit.*, p. 103.

> *deves reconhecer que aquela lei que chamas de natural é contida nesta, e que, se desaparecessem todos os outros preceitos, estes, a que chamam de amor perfeito, bastariam a conduzir à salvação tanto nós quanto vós.*[158]

Enquanto na *Ethica* o elemento universal é representado pela interioridade caracterizada pelo momento da *intentio*, que, não falhando nunca, determina o valor moral de cada ação e de cada comportamento humano; o hebreu, reafirmando o papel central da interioridade, sustenta que a adição de elementos externos constitui um suplemento de mérito, que é também o que justifica a posição particular do povo eleito.

> *Porque Deus teria escolhido exatamente a nós como povo predileto dele entre todas as gentes e nos teria dado uma lei através da qual nos tornaríamos santos se, apesar também termos observado a Lei* (ex superaddita legis observantia), *[...]. Se a santidade faz com que vós e todos os outros homens conquistem a vida abençoada e imortal da alma, mais ainda através da Lei esta também nos seja devida, se é verdadeiro que obedecer à Lei nos santifica.*[159]

Em contraste com a necessidade da lei e com as exigências postas por seu respeito também exterior, do qual se faz portador o hebreu, o filósofo reafirma

---
158 *Ibid.*, p. 103.
159 *Ibid.*, p. 95-97; note como uma instância que podemos chamar de jóbica está na base da identificação do caráter meritório da observância da lei.

durante toda a primeira parte os direitos da *libertas*, que são aqueles da interioridade e da *intentio*, tanto que, com ecos paulinos nem tão velados assim, ele fala de *maledictio legis*.[160] Em total coerência com uma afirmação já relembrada, ele contrapõe, em relação às prescrições da norma, o impulso moral que se baseia exclusivamente em uma interioridade desvinculada de qualquer preceito que não seja aquele da *lex naturalis*:

> *daí pode-se claramente supor que foram bem-vindas por Deus aquelas ofertas gratuitas daqueles primeiros padres, ofertas que não haviam sido prescritas por nenhuma lei, cumpridas exatamente naquela liberdade em que até hoje honramos a Deus.*[161]

Esta perspectiva determina uma leitura diversa da relação entre universalidade e interioridade, no interior de um quadro providencial em que os mecanismos de eleição aparecem assinalados pela referência à zona mais obscura e íntima do indivíduo, em vez de ao elemento normativo exterior:

> *Agora terás te dado conta de que nenhum estrangeiro deve estar sujeito ao preceito da Lei, se não aquele que habita entre vós e que por isto está submetido às vossas regras. A graça divina nos provê, privando-vos totalmente de toda terra de vossa propriedade, e assim ninguém mais é hospedado em vosso território, mas vós é que sois*

---

160 Cf. Pedro Abelardo, *Dialogo fra un filosofo, un giudeo e un cristiano, cit.*, p. 81.
161 *Ibid.*, p. 67.

> *forasteiros em todas as nações; sabei, portanto, que nós não podemos de forma alguma estar sujeitos às vossas leis.*[162]

A interiorização dos critérios da validade moral coincide, na perspectiva do filósofo, com uma universalização mais adequada da ética; ninguém, de fato, pode fugir da própria interioridade, e assim: "nem mesmo com a autoridade da tua lei, mesmo que afirmes ter sido vos dada por Deus, podes saber com certeza que eu devo me submeter a este fardo".[163]

Imediatamente após as palavras supracitadas, o filósofo recorda que nada nas argumentações de seu interlocutor justifica uma adição (*addit*) ao exemplo de Jó[164] ou aos ensinamentos dos filósofos: a interioridade não apenas é fundamento do comportamento moral e de sua avaliação, mas é também exclusiva, portanto apenas ela determina tal comportamento.

A segunda parte do *Dialogus* é inteiramente dedicada ao confronto entre o filósofo, que aparece como aquele que sustenta as razões da interioridade definidas no curso de sua oposição ao legalismo hebraico, e o cristão, cuja fé é imediatamente compreendida no interno da perspectiva moral. O cristão, de fato, reprovando a *infedelitatis obstinatio* do filósofo, afirma:

---

162 *Ibid.*, p. 111.
163 *Ibid.*, p. 127.
164 *Cf.* Pedro Abelardo, *Dialogo fra un filosofo, un giudeo e un cristiano, cit.*, p. 77.

> *Tu que apreendeste das mesmas Escrituras a perfeição de nossa lei, ainda buscas uma estrada seguir, como se nessa não houvesse um ensinamento perfeito e mais elevado do que todos os outros daquelas virtudes que – não podes duvidar, de forma alguma – são suficientes para a felicidade.*[165]

Retomando de forma original a sugestão agostiniana relativa à felicidade como fim da busca do homem, o cristão identifica, com base no único fim e como cumprimento de todas as disciplinas, a ética ou moral e a sapiência divina, mesmo se reconhece que, enquanto para o filósofo esta é caracterizada em função do meio para se atingir o fim, os cristãos, porém, nomeiam diretamente o fim. Devemos notar que não estamos frente a uma verdadeira e própria identificação entre meio e fim, mas sim a uma ênfase daquilo que assume relevância no interior de um complexo em que meio e fim não podem ser separados; daí deriva uma caracterização do filósofo como aquele que faz da busca a essência do próprio agir, a ponto de estar sempre à procura da estrada a seguir, como afirma o cristão, ou como quem identifica a felicidade no percurso da estrada e não na chegada à meta, como o filósofo diz sobre si. A discussão faz com que emirjam os elementos de unidade e ambos os dialogantes observem a indissolúvel unidade entre meios e fim, entre estrada e meta, para caracterizar a ética. É o cristão

---
165 *Ibid.*, p. 133-135.

que identifica "o essencial desta doutrina [...] ao mostrar o que é o sumo bem e através de qual via devemos atingi-lo".[166]

A estrutura proposta pelo cristão faz com que a obra assuma um andamento sistemático, e assim nos encontramos frente a um curioso jogo das partes[167] entre as duas obras éticas abelardianas: o *Dialogus*, em que haverá um andamento mais discursivo, parece esconder ambições de um verdadeiro e próprio tratado, enquanto a *Ethica*, à qual parece mais correto designar o papel de obra sistemática, assume cada vez mais as características de uma pesquisa fenomenológica sobre os vários componentes do ato moral.

A intersecção entre as obras, todavia, é muito cerrada, e o filósofo, ao definir o sumo bem como algo que torna santo e o sumo mal como algo que torna infeliz, distingue em vícios e virtudes os meios com os quais obtemos um ou outro, seguindo desta forma a subdivisão em torno à qual a *Ethica* se constrói. Com base no relacionamento entre fim e meios, a primeira sistematização do discurso ético proposta pelo cristão se constrói em torno a esta polaridade: "coloquemos como sumo bem para o homem, ou

---

166 *Ibid*., p. 137; não devemos deixar de notar que a investigação proposta pelo cristão é compartilhado e reiterado pelo próprio filósofo, *cf*. p. 155: "Cremos que isto se possa atingir com ordem e corretamente se discutirmos seguindo os pontos essenciais desta ética, aqueles que expuseste antes, ou seja, o que é o sumo bem e por qual via ele deve ser atingido. O nosso tratado sobre a ética, portanto, será dividido em duas partes".
167 NT: o autor alude à obra *O jogo das partes* (*Il giuoco delle parti*, 1918), de Luigi Pirandello.

seja, como fim do bem, a santidade da vida futura e, como via para alcançar isto, as virtudes".[168]

Todavia, apesar dos propósitos anunciados no início desta parte do *Dialogus*, a reflexão de Abelardo é quase completamente absorvida pelo exame dos meios, enquanto poucas palavras a propósito do fim da ética são ditas pelo mestre palatino. Ao filósofo compete a tarefa de qualificar virtudes e vícios não apenas como instrumentos necessários para a respectiva condução ao sumo bem e ao sumo mal, mas também como elementos suficientes deste percurso, portanto: "a virtude é suficiente para alcançar a felicidade e, como apenas as virtudes tornam santo o homem, ninguém se torna santo por outra via".[169]

A centralidade da virtude, que emerge das primeiras frases do diálogo entre o filósofo e o cristão, requereria uma rigorosa definição, segundo modalidades próprias da lógica; na ausência deste percurso rigoroso, podemos utilizar as afirmações do cristão sobre a caridade e sobre a sua intensidade diversa: "Se compreendemos 'virtude' no sentido mais próprio, ou seja, como algo que obtém mérito perante a Deus, então realmente apenas à caridade deve ser dado o nome de virtude".[170]

O exame dos meios que conduzem ao sumo bem, e em particular da virtude, é o caminho através do qual também em *Dialogus* se reabre a discussão

---

168 *Ibid.*, p. 167.
169 *Ibid.*, p. 189.
170 *Ibid.*, p. 179.

acerca da intenção, seu papel e seu valor no campo ético. Aqui, como na *Ethica*, a análise é estritamente conectada à dialética entre interioridade e exterioridade, modelada pelo filósofo sobre a distinção aristotélica entre substância e acidente:

> *De fato, algumas coisas são boas ou más por si mesmas, propriamente e por assim dizer substancialmente, como as virtudes ou os vícios, algumas na verdade acidentalmente e através de outra coisa. Este último caso é o das ações que cumprimos; em si, são indiferentes, são chamadas todavia de boas ou más segundo a intenção de quem procedem.*[171]

É facilmente compreensível em que sentido Abelardo sustenta que as ações são moralmente indiferentes, e adquirem valor moral apenas se avaliadas na base da intenção que as sustenta; esse discurso, homogêneo com o que já foi afirmado na *Ethica*, prevê que uma mesma ação possa ser eticamente avaliada de forma oposta a partir da intenção diversa a ela subjacente. Mais complexo é compreender em que sentido o mestre palatino considera vícios e virtudes *substantialiter* bons ou maus, ou seja, aqueles que não podem jamais se transmutar em seu próprio contrário. A resposta, ou pelo menos um rascunho dela, pode ser fornecida apenas ao fim do exame da *intentio* no *Dialogus*. Depois do elenco detalhado das *virtutes* propostas pelo filósofo, o texto apresenta esta sutil distinção:

---

171 *Ibid.*, p. 193.

> *como por este motivo admitimos que qualquer homem, por mais que seja deturpado por muitos defeitos, é uma coisa boa* (rem bonam esse), *todavia, não por isso garantimos que seja um homem bom* (bonum hominem esse)";[172]

parece evidente, pelo contexto em que a afirmação está inserida, que a primeira intenção do mestre palatino seja a de salvaguardar a bondade da criação, colocando-se assim no curso da identificação agostiniana entre ser e bem.[173] Portanto, o nível das *res* é aquele da bondade criatural, aquele no qual a ausência de responsabilidade leva à eliminação de qualquer avaliação moral. Todavia, é ressaltado que as *res* não são eticamente indiferentes, como eram as ações; de fato, aquilo que é eticamente indiferente é aquilo que pode ser bom ou mau em relação à intenção que o sustenta. As *res*, ao contrário, são absolutamente boas porque se colocam aquém da *intentio*, quando então o nível da *intentio* já foi completamente consumado. No nível das *res* não pode acontecer o mal exatamente para não arrastar Deus para dentro da responsabilidade relativa à sua presença na realidade, por isso os vícios que deturpam o homem não são em si um mal, e constituem o campo aberto daquela batalha que o homem deve conduzir para conquistar mérito. É possível formular uma primeira conclusão, porque, se como sustentado anteriormente, no

---

172 *Ibid.*, p. 223.
173 *Cf.* Pedro Abelardo, *Dialogo fra un filosofo, un giudeo e un cristiano, cit.*, p. 219: "tudo o que foi criado por Deus não pode não ser bom".

sentido próprio (*proprie*) a virtude é o que obtém mérito perante a Deus; ela não pode ser colocada no nível das *res*, mas no nível da *intentio*, daquilo que é consignado inteiramente à responsabilidade do homem. Todavia, pareceria correto concluir que neste nível nada possa ser considerado em si bem ou mal, portanto nada pode ser considerado eticamente indiferente ou eticamente não avaliável. Esclarecido o nível das *res*, que se coloca em alguma medida antes da *intentio* como figura da responsabilidade do homem, e já considerado fora do campo de avaliação ética o nível das ações, colocado depois da *intentio*, nada mais resta além de examinar esta última, buscando esclarecer em que sentido, para Abelardo, uma coisa boa não é necessariamente um homem bom. Este é o ponto de maior proximidade entre a análise de Abelardo e as discussões sobre o mal e sobre a liberdade próprias da corrente agostiniana; é evidente, de fato, que o plano do *homo bonus* é aquele da *intentio* em que nada parece garantido, mas tudo é incerto e confiado à liberdade do indivíduo.

A última parte da discussão entre o filósofo e o cristão é quase inteiramente ocupada pela ilustração e pela definição dos elementos principais da *intentio*, que é caracterizada com um rigor similar àquele utilizado na *Ethica*:

> *As ações, de fato, são julgadas boas ou más com base na sua profunda intenção: em si, são todas indiferentes, e se as observarmos com atenção, não têm mérito algum, porque em si não são nem*

> *boas nem más e podem ser cumpridas em igual modo seja pelos réprobos, seja pelos eleitos.*[174]

Desta forma, a *intentio* apresenta um nível de bondade diverso em relação àquele criatural, que é capaz de se somar a este ou de andar na direção contrária, sem alterar ou modificar a substancial bondade de todas as coisas, inserindo-a, todavia, em um projeto plenamente definido pela própria *intentio*, único elemento sujeito a uma avaliação moral; com um rigor e uma clareza quase kantianos, o âmbito ético é definido abstraindo-se qualquer referência às coisas e às ações:

> *Creio que todos os instrumentos e todas as coisas das quais nos servimos podem ser usados bem ou mal segundo a qualidade moral da intenção: não é, portanto, importante para isto saber que algo é feito, mas conhecer com qual ânimo ele é feito* (ad quid scilicet nihil refert, quid fiat, sed quo animo fiat).[175]

Nessa obra, todavia, como já aconteceu na *Ethica*, o aprofundamento dos temas conexos à *intentio* e ao seu papel na avaliação moral faz com que surja um conjunto de contradições e dificuldades que constituem o elemento não resolvido da reflexão ética de Abelardo.

---

174 *Ibid.*, p. 281.
175 *Ibid.*, p. 285.

3. Teologia

> *Rigorosamente falando, apenas quando pensas
> em Deus é que pensas.*
>
> Ludwig Feuerbach

Se realmente, como Abelardo sustenta em uma carta a Heloísa, a lógica o tornou "odioso ao mundo",[176] foi por conta de seu pensamento teológico que o mestre palatino foi condenado em duas ocasiões diversas, primeiro em Soissons e em seguida em Sens.[177] A reflexão teológica, à qual Abelardo se dedicou por toda a fase da vida sucessiva ao encontro com Heloísa e sua infeliz conclusão, responde a um projeto unitário que em suas linhas essenciais é definido já na primeira obra e, em seguida, sofre integrações e remanejamentos sem que sua impostação de fundo seja modificada. A pesquisa teológica de Abelardo se desenvolve ao longo de duas diretrizes fundamentais. De um lado, a redação de obras sistemáticas que confrontam os elementos essenciais do conhecimento humano de Deus; de outro, o comentário sobre alguns textos da Sagrada Escritura. O termo *theologia*, utilizado pela primeira vez na *Historia calamitatum mearum* em referência à obra condenada à destruição no Concílio de Soisson,[178]

---

176 Pedro Abelardo, Confessio fidei ad Heloisam, *in Abelardo, Lettere di Abelardo e Eloisa*, cit., p. 190.
177 Sobre a condenação de Abelardo, *cf.* a primeira parte do capítulo "História da recensão".
178 *Cf.* Abelardo, Historia calamitatum mearum, *cit.*, p. 66: "Dediquei-me ao estudo do fundamento de nossa fé e, como primeira coisa, analisei-o com argumentações por analogia. Compus um tratado

será em seguida atribuído às três obras maiores, compostas e revistas no curso de toda a carreira do mestre palatino:[179] *Theologia "Summi boni"*, *Theologia Christiana*, *Theologia "Scholarium"*.

3.1. O projeto teológico abelardiano

Quando Abelardo se aproxima da teologia, já cumpriu um longo e minucioso trabalho sobre textos lógicos conhecidos pelos intelectuais de sua época,[180] chegando a duas conclusões fundamentais: em primeiro lugar, a atribuição de uma plena autonomia ao plano da linguagem em relação ao da realidade, com a consequente desreificação dos termos, em modo particular dos universais. Em segundo lugar, a necessidade de rigor linguístico e argumentativo, que do âmbito lógico é transportado para todos os setores do conhecimento humano, em plena coerência com o escopo da lógica, compreendida como *discretio veritatis seu falsitatis*, de atuar no plano dos discursos específicos individuais. A longa pesquisa lógica, portanto, permitiu a Abelardo delinear um estilo de pensamento com o qual se aproximará tanto dos temas teológicos quanto dos temas éticos, e ao mesmo tempo definir

---

('quendam theologie tractatum') sobre a unidade e trindade divina para meus alunos, os quais me pediam explicações racionais e filosóficas, e me pediam sobretudo argumentações, que pudessem estudar e compreender, em vez de simples exposições".

179 É possível afirmar que estamos frente a uma única obra que cresce e se transforma no curso dos anos, sem provavelmente jamais atingir a sua versão definitiva.

180 Falamos sobre este trabalho na parte dedicada a lógica e gnoseologia.

um âmbito de pesquisa que, sobretudo pelo que concerne à teologia, permita evitar tanto o silêncio que seria imposto pelo caráter incompreensível do objeto quanto a irreverência de quem presume poder explicar o que se coloca além da linguagem e da capacidade de compreensão humana. A busca teológica abelardiana se concentrará nas palavras com que nós formulamos o nosso discurso acerca das coisas divinas; todavia, como a *impositio* dos termos, como já mostramos antes, é fruto de um conhecimento do objeto, é necessário compreender o que a rende legítima no âmbito teológico, dada a alteridade ontológica da natureza divina em relação às realidades criadas. Portanto é, antes de tudo, um problema de método o que se coloca ao mestre palatino, que não deve ser compreendido exclusivamente como delineação do método melhor para confrontar as temáticas teológicas, mas como legitimação gnoseológica do trabalho do teólogo, que identifique o espaço de operação recortando um território autônomo que não se apresente como pura repetição das palavras da Escritura e, ao mesmo tempo, não presuma dizer a *verdade* acerca do que, por sua natureza, coloca-se além da capacidade de compreensão do homem. A tarefa do teólogo, então, será questionar-se não tanto por que a realidade divina é *assim*, mas sim como se pode *dizer* aquilo que indubitavelmente é. Junto à teologia, depois de uma longa *aprendizagem* no âmbito lógico, Abelardo coloca a *sacra doctrina* "sob o signo da semântica e da dialética",[181] com o objetivo de definir um espaço de autonomia para o trabalho do teólogo, que deve responder exclusivamente à *ratio*; portanto, fica inevitável delinear os limites no interior dos quais a *razão teológica* deve agir (e que, assim, não lhe é possível superar) e as modalidades operativas das quais ela se serve no próprio trabalho. Esta fusão de método e conteúdo está presente em todas as três redações da *Theologia* abelardiana, sem que se sofram variações significativas na impostação de fundo, mas enriquecendo-se no que concerne a soluções e termos. Por este motivo, a primeira versão da busca teológica de Abelardo, a *Theologia "Summi boni"*, será exposta detalhadamente, obra em que estão presentes os elementos essenciais da teologia trinitária do mestre palatino; junto a ela, um exame do livro III da *Theologia "Scholarium"*, que analisa detalhadamente o tema da onipotência divina e suas implicações, do qual as duas redações anteriores falaram apenas rapidamente.

3.2. Theologia *"Summi boni"*: a matriz da teologia

3.2.1. *Livro I: o problema, a Bíblia e a filosofia antiga*

A primeira obra teológica de Abelardo é subdividida em três livros e pode ser lida como uma grande *quaestio*, embora ainda imprecisa na forma:

---
181   J. Jolivet, *Abelardo. Dialettica e mistero*, cit., p. 25.

o primeiro livro apresenta as *auctoritates* bíblicas e pagãs que sustentam a doutrina trinitária; o segundo livro, depois de ter apresentado e resolvido algumas questões de método, coloca o tema central da obra e propõe as objeções; no terceiro livro, são expostas a solução das objeções e as conclusões gerais. No interior desta estrutura, são apresentados vários argumentos que reforçam e contribuem a estruturar de forma mais completa o objetivo principal do escrito, representado pela vontade de mostrar que o dogma da Trindade não contrasta com os princípios da razão e, portanto, da lógica. Neste sentido, uma função fundamental é desenvolvida no livro II que, depois de chamar a atenção aos tipos essenciais da fé cristã, analisa no plano geral o relacionamento entre lógica e fé, apresentando os princípios principais da posição abelardiana, que permanecerão imutados durante todo o curso de sua reflexão teológica. Antes de confrontar o cerne da questão, o mestre palatino se dedica, no livro I, "a questões semânticas: explicações dos termos, exegese da Bíblia e dos filósofos",[182] que representam uma passagem obrigatória para os sucessivos desenvolvimentos. São esclarecidos o motivo pelo qual se distinguem três pessoas em Deus e o significado dos nomes Pai, Filho e Espírito Santo: "afirmar que Deus é três pessoas, ou seja, Pai, Filho e Espírito Santo, é como dizer que a divina substância é potente,

---
182 *Ibid.*, p. 29.

sapiente e boa, ou melhor, que é a mesma potência, paciência e bondade".[183]

Ilustradas, com base em numerosas referências bíblicas, as razões pelas quais a sapiência é chamada de *Verbo* e a bondade, de *Espírito Santo*, Abelardo formula uma *invectio in iudeos* em que acusa o povo hebreu de não reconhecer o caráter coeterno do Verbo a Deus, não conseguindo, de tal forma, ver no Verbo a própria razão ou a sapiência de Deus por meio da qual foram "estabelecidos os céus".[184] Nas poucas páginas dedicadas aos *testimonia philosophorum*, destinadas a serem ampliadas nas sucessivas redações da *Theologia*, emerge a originalidade da reflexão abelardiana acerca da relação entre fé e filosofia antiga, que terá consequências sobre a impostação metodológica da teologia presente no livro II. Da mesma forma com que a revelação falou aos hebreus por meio dos profetas, esta se mostrou aos pagãos por meio dos filósofos "que a própria razão da filosofia conduziu ao conhecimento do único Deus".[185] Abelardo não se limita a atestar a confiança em relação à *razão filosófica* da cultura pagã antiga, mas a reinsere em uma concepção específica da economia da salvação, que por um lado coloca hebreus e pagãos no interior do desenvolvimento geral da revelação divina, e por outro, permite recuperar a *ratio philosophica* como apoio indispensável do debate teológico. Neste

---

183 Pedro Abelardo, *Theologia "Summi boni"*, I.2. Milão: Rusconi, 1996, p. 49. Tradução italiana de de M. Rossini.
184 A referência é a Sl 32,6.
185 Pedro Abelardo, *Theologia "Summi boni"*, I.30, *cit.*, p. 69.

sentido, não é necessário que os filósofos antigos estejam conscientes do que foi afirmado, em termos de revelação, em seus escritos:

> *por isso, quando Deus cumpre milagres, ou qualquer outra coisa grande, e enuncia profecias por meio dos réprobos, não o faz pela utilidade daqueles de qual se serve na qualidade de instrumentos* (tamquam instrumentis), *mas sim pelos outros que ele quer instruir através destes.*[186]

Assim, é necessário, em relação às obras dos autores antigos, um trabalho de exegese que, forçando seus escritos na direção do conteúdo de revelação, obtenha significados de que o escritor nem havia suspeitado; nesta perspectiva *hermenêutica*, são lidas as páginas que o mestre palatino dedica à doutrina platônica da alma do mundo e à sua relação com a terceira pessoa da trindade divina.

> *Se utilizamos a alegoria* (si ad involucrum deflectamus), *aquilo que o maior dos filósofos sustenta sobre a alma do mundo pode ser compreendido com facilidade e de modo racional, sem desviar do tratado da sagrada fé.*[187]

Alguns problemas interpretativos relativos à doutrina platônica são levados à solução apenas na parte conclusiva do tratado; no primeiro livro, todavia, o pensamento de Platão é firmemente colocado na convergência entre dado revelado e razão filosófica,

---

186 *Ibid.*, I.34, p. 71.
187 *Ibid.*, I.44, p. 79.

e desse momento em diante se torna um dos princípios fundamentais da teologia abelardiana.[188]

Abelardo faz, de forma indireta, uma sugestão agostiniana precisa:

> Estai atentos e observai a verdade. Todas estas coisas, quando eram ditas, eram obscuras, porque ainda não haviam acontecido; mas agora que aconteceram, quem não as compreende? Que a página divina seja para ti o livro que permite falar destas coisas, e que a terra seja para ti o livro que permite vê-las. Nestes códigos, apenas aqueles que conhecem as letras podem ler tais coisas; enquanto todos, inclusive o tolo, podem ler o mundo todo.[189]

O *mundus* agostiniano se transforma, no pensamento do mestre palatino, nos escritos dos filósofos antigos,[190] que se tornam, dessa forma, um momento imprescindível da revelação em direção à qual exercitar, por meio da instrumentação lógica à disposição do teólogo, um acurado trabalho de escavação hermenêutica que vá além das *involucri figura* e evite

---

188 Nesta perspectiva, Abelardo cita, como muitos outros autores de sua época ou mesmo anteriores a ele, a passagem tirada da *Carta aos Romanos* (Rm 1, 19-21), ressaltando o fato de que este ensinamento natural da razão sobre o divino torne *inexcusabiles* tanto os judeus quanto os pagãos. Todavia, a frequente citação da expressão paulina serve também, e talvez sobretudo, ao mestre palatino para reiterar, com a força das palavras da Escritura, a homogeneidade entre *ratio* e *revelatio*, que é estrutura fundamental de seu pensamento.
189 Agostinho, *Enarratio in Psalmos*, 45.7.
190 Isto não significa que Abelardo ignore os temas relativos à nova filosofia da natureza; sobre estes aspectos do pensamento abelardiano, *cf.* MARTELLO, C. *Pietro Abelardo e la riscoperta della teologia*. Roma: Aracne, 2008.

assim, ao mesmo tempo, trocar os filósofos antigos, em particular Platão, pelos tolos e colocar a razão fora do percurso da revelação.

3.2.2. Livro II: questões de método e problemas da linguagem

O segundo livro, antes de uma série de considerações, nas páginas conclusivas, relativas aos termos *idêntico, diverso* e *pessoa*, estrutura-se ao longo de três diretrizes fundamentais, a primeira, de tipo polêmico; a segunda e a terceira, de tipo regulador e constitutivo, que se entrelaçam entre si, mas que, por razões de clareza expositiva, é oportuno manter distintas.

Se, no primeiro livro da obra, o objetivo polêmico era representado pelos hebreus acusados de não interpretar corretamente a Escritura, no segundo, a invectiva abelardiana se volta aos *pseudodialéticos*, culpados de abusar da arte da dialética que, como vimos, o mestre palatino considera essencial para o trabalho teológico.[191] Por esta razão Abelardo, na *Invectio in dialecticos*, que se encontra pouco antes da conclusão do livro II, utiliza, contra aqueles que fazem um uso impróprio da arte dialética voltando-a contra a fé,

---

191 A polêmica apresenta características gerais e não é, jamais, endereçada de forma específica a um único pensador; todavia, não é impossível retraçar, nas palavras de Abelardo e nas próprias escolhas terminológicas, claras referências a Roscelino de Compiègne e às suas posições; não deve ser esquecido que a polêmica com Roscelino, antigo mestre de Abelardo, pode ser considerada um dos fatores que estão na origem da *Theologia "Summi boni"*. Cf. M. Rossini, "Introdução" a Pedro Abelardo, *Theologia "Summi boni"*, cit., p. 11-14.

argumentos que derivam dos autores fundamentais na formação lógica de todo pensador. Estas considerações se colocam em plena continuidade com aquelas relativas aos filósofos pagãos presentes no primeiro livro, e respondem à necessidade de replicar àqueles que se servem da razão com as mesmas armas, sem qualquer referência à revelação:

> Mas como os argumentos incorretos não podem ser repelidos por meio da autoridade dos santos e dos filósofos, se não se enfrentam com razões humanas aqueles que se baseiam em argumentos racionais, decidimos responder aos tolos através dos meios de sua loucura e abater suas objeções com as mesmas artes que utilizam contra nós.[192]

Isto nos permite, antes de olharmos a diretriz reguladora, recordarmos que aqueles contra os quais Abelardo debate não são os utilizadores da dialética, mas os que dela abusam, de tal forma que o aspecto regulador de sua argumentação se traduz na tentativa de indicar quais são as características de um uso correto da dialética. Esta última, em perfeita analogia com a espada e com a ciência, descende de Deus, argumento insuperável para contrapor cada sua pretensa maldade;[193] não é, portanto, a ciência dialética que deve ser condenada, mas seu mau uso por parte de alguns, levados a isto pela soberba:

---

192 Pedro Abelardo, *Theologia "Summi boni"*, II.25, *cit.*, p. 113.
193 Abelardo lembra também, em sua *Laus dialectice*, que não por acaso é imediatamente seguinte à *Invectio in pseudodialecticos*, as considerações agostinianas positivas em relação à dialética, fazendo referência a *De ordine* e a *De doctrina christiana*.

> *Não é de fato a ignorância o que cria o herético, mas a soberba: é o caso de quem quer exaltar o próprio nome por causa de uma novidade qualquer e se vangloria de fazer afirmações inusitadas, que se esforça de defender contra todos, para parecer superior a qualquer um, ou para que a sua posição não seja refutada e não pareça inferior às outras.*
>
> *A isto são levados facilmente os professores de dialética, os quais se consideram tão mais seguros e livres de atacar e defender qualquer assunto quanto mais pensam estar armados com argumentos racionais* (rationibus). *Sua arrogância é tão grande que creem que não existe nada que não possa ser compreendido e explicado pelas suas pequenas razões* (quod eorum ratiunculis compreendi atque edisseri non queat).[194]

O uso do termo *soberba* não deve levar ao engano; o elemento central da contestação abelardiana em relação aos *pseudodialéticos* não é de tipo moral, mesmo que este aspecto certamente não esteja ausente, mas de tipo gnoseológico, como testemunho da contraposição entre as *rationes*, das quais se iludem estar munidos os abusadores da arte dialética, e as *ratiunculae*, sobre as quais seus argumentos realmente se apoiam. O objetivo abelardiano de fornecer a regra, ou melhor, a direção do movimento, da dialética, como contraste à *soberba*, realiza-se no apelo à *humilitas* que, além de seu aspecto ético, define fronteiras e limites do uso da razão no âmbito teológico:

---

[194] Pedro Abelardo, *Theologia "Summi boni"*, II.10-11, *cit.*, p. 105-107.

> Se de fato Deus não manifesta a si mesmo, a nossa mente não tem capacidade de vê-lo; ainda mais, portanto, os mortais, plenos de corrupção pelo pecado, não devem tentar compreender o incompreensível com suas pequenas razões (ratiunculis suis). Eles não são capazes de examinar de modo racional (discutere ratione) nem a si mesmos, nem a natureza de qualquer criatura, por menor que seja ela.[195]

Estamos em uma passagem crucial da parte metodológica do tratado. Abelardo subordina a ação da *razão teológica* à necessária revelação divina, sem que isto se traduza no reconhecimento do inevitável silêncio do teólogo ou seja nele um simples repropositor das palavras da Escritura. Definir os limites, para o mestre palatino, significa identificar o campo de ação da razão teológica, que foge assim à *soberba* das *ratiunculae* dos pseudodialéticos sem ser condenada à inércia do pensamento; por este motivo, é necessário que no interior do *discurso sobre o método abelardiano* se siga, à diretriz *reguladora* agora examinada, aquela *constitutiva*.

A contraposição entre *abuso* e *uso* a propósito da dialética se traduz na oposição entre *soberba* e *humilitas*, que contribuiu para a tomada de consciência da impossibilidade do homem de conhecer a Deus. Abelardo é plenamente ciente de que, dessa forma, a *veritas* deve ser colocada em discussão, ao ponto de o vão entre razão humana e objeto teológico não

---

195 *Ibid.*, II.20, p. 111.

poder ser plenamente preenchido nem mesmo pela necessária revelação divina. Todavia, de forma similar ao que aconteceu com o discurso sobre a realidade, do qual falamos no capítulo relativo à lógica, isto não se traduz em uma declaração de impotência, mas na identificação do âmbito em que o trabalho do teólogo pode ser exercitado de forma autônoma e rigorosa:

> A propósito destas coisas não nos esforçamos em ensinar a verdade, que evidentemente não podemos conhecer – nem nós nem qualquer outro mortal –, mas nos parece correto propor algo de verossímil (aliquid verisimile), próximo à razão humana e não contrário à Sagrada Escritura, contra aqueles que se vangloriam de combater a fé através da razão humana e só fazem isto, encontrando facilmente muitos aduladores, quase que a maior parte dos homens sendo de natureza terrena, e não espiritual. Basta-nos dispersar de alguma forma a força destes inimigos mortais da sagrada fé e, não podendo fazê-lo de outro modo, nos contentaremos de recorrer a razões humanas. Declaramos, portanto, que tudo aquilo que exporemos a propósito desta altíssima filosofia não é verdade, mas sombra da verdade, não é a coisa, mas uma certa semelhança à coisa. Apenas Deus conhece o que é verdadeiro; eu devo dizer o que é verossímil e em grau máximo conforme às razões filosóficas por meio das quais somos atacados.[196]

---

196 *Ibid.*, II.26-27, p. 115.

Através de um trabalho de subtração progressiva, Abelardo consegue para o teólogo um espaço mediano entre a racionalidade humana, à qual a *razão teológica* deve estar próxima, e a Sagrada Escritura, à qual as palavras do teólogo não podem ser contrárias, sem repetição estéril. O terreno que assim se esboça se apresenta como o ponto de encontro entre a *ratio* e a *fides*. Como fundamento disto estão, de um lado, a radical alteridade ontológica do Criador em relação às realidades criadas, que impede de usar sem cautela os instrumentos humanos para falar de Deus, e de outro lado, a consciência de que qualquer confronto (interno ou externo ao campo da fé) não pode não acontecer no plano da linguagem que, como Abelardo certamente compreendeu pelos seus estudos anteriores, é dotada de regras próprias codificadas pela *ratio* humana. É esta condição dupla o que vai determinar os elementos constitutivos da *razão teológica*, que não derivam portanto da simples necessidade polêmica em relação aos pseudodialéticos, mas de um atento exame da estrutura da *ratio* no momento em que é levada a confronto com o objeto Deus. Fica evidente que a alteridade ontológica do objeto, em mais de uma ocasião qualificado como *longe remotum* em relação à realidade que dele deriva, tem consequências sobre o plano da linguagem a que deve se limitar o trabalho do teólogo:

> *não deve surpreender se a natureza da divindade, tão única, tem um modo de expressão particular. É, sem dúvida, oportuno que aquilo que é*

> *bastante diverso de todas as criaturas seja expresso através de um discurso de gênero diverso, e que aquela majestade única não seja confinada nos limites da linguagem comum e vulgar; de modo que tudo aquilo que é incompreensível e inefável não seja subordinado às regras subjacentes a todas as coisas, à medida que não pode ser pensado pelo homem que instituiu as palavras para manifestar os seus pensamentos.*[197]

Esta constatação leva o trabalho sobre a linguagem teológico a duas direções: de um lado, o esforço de precisar os termos utilizados e o particular valor que estes assumem no âmbito teológico; de outro, o uso das semelhanças como possibilidade máxima de expressão ("não a coisa, mas uma certa semelhança à coisa") e consequentemente a necessidade de refletir sobre a estrutura constitutiva e sobre a função cognitiva da própria semelhança.

O primeiro movimento tem a função de esclarecer de que modo a identidade da substância não contrasta com a diversidade das pessoas e se traduz na necessidade de precisar os vários significados dos três termos fundamentais que estão em jogo nesta *magna atque subtilissima discretio*: "idêntico", "diverso" e "pessoa".

> *Deve-se utilizar aqui uma importante e sutilíssima distinção para que a identidade da substância singular e a unidade indivisível da essência não sejam obstáculos à diversidade das pessoas, e por*

---
197 *Ibid.*, II.64, p. 135.

> *outro lado, que a diversidade das pessoas não contraste com a singularidade da substância, mas Deus seja contemporaneamente e absolutamente uno na singularidade da substância e trino na distinção das três pessoas.*[198]

Com o intuito de realizar aquilo que à primeira vista parece impossível, Abelardo deve se servir de tudo o que obteve no exame da linguagem e na definição do espaço de ação da *razão teológica*, precisando como qualquer utilização da linguagem em relação a Deus não pode ser vinculado aos limites da linguagem comum; é isso o que ocorre, por exemplo, no relacionamento substância *versus* acidente: nada em Deus pode ser definido acidental, mas a rigor, nem mesmo substancial;[199] considerações idênticas valem para a relação gramatical entre verbo e tempo que não pode ser aplicada a Deus.[200] Portanto ele foge aos "limites da linguagem comum e vulgar"[201] e ao teólogo não resta, como única possibilidade, senão

---

198 *Ibid*, II.42, p. 125.
199 *Cf. Ibid*, II.39, p. 123: "Se, portanto, a sapiência não fosse em Deus uma forma substancial, mas acidental, ele certamente poderia existir sem sapiência e ao mesmo tempo sem potência; Deus, portanto, existiria, mas não seria potente e sapiente. Isto repugna não apenas um católico, mas também um herege"; também recordemos que, segundo os filósofos (Aristóteles, Porfírio e Boécio), a substância é aquilo que pode sofrer acidentes.
200 *Ibid.*, II.70, p. 141: "Esta [*cf. o verbo*] designa o tempo, que tem início com o mundo, pelo qual, se voltarmos a atenção da forma correta ao significado desta parte do discurso, é necessário limitar, por meio dela, o sentido de qualquer construção verbal nos limites do tempo, ou seja, referi-la apenas às coisas que queremos mostrar que ocorrem no tempo e que não subsistem eternamente".
201 *Ibid.*, II.64, p. 135.

> *transferir das criaturas ao criador, por meio de uma semelhança qualquer, os termos que os homens instituíram para designar as criaturas que puderam conhecer, porque queriam manifestar os próprios conceitos através daqueles vocábulos.*[202]

Para que isto seja possível, é indispensável esclarecer a predicação diversa dos termos-chave acerca dos quais há a contestação dos *pseudodialéticos*; como o ponto central da controvérsia se refere à identidade da substância e à diversidade das pessoas, será então necessário que Abelardo examine em quantos modos é possível predicar o termo *idêntico* e o termo *diverso*. O resultado desta análise terminológica é retomado pelo próprio Abelardo com estas palavras:

> *digo idêntica segundo a essência* (essentialiter), *como idêntica é a substância* (substantia) *da espada e do gládio, ou deste homem e deste animal. As pessoas, ou seja, o Pai, o Filho e o Espírito Santo, são todas diversas entre si, de forma similar àquelas coisas que são diversas segundo a definição.*[203]

Uma explicação dupla é útil para que prossigamos o exame da obra abelardiana: de um lado, a ligação entre o advérbio *essentialiter* e o termo *substantia* demonstra o caráter ainda não aprofundado do vocabulário acerca do ser na época em que Abelardo escreve,[204] e assim o termo *essentia* é caracterizado por

---

202 *Ibid.*, II.77, p. 145.
203 *Ibid.*, II.103, p. 163.
204 A essência deste aprofundamento é certamente fruto do desconhecimento da *Metafísica* aristotélica e de seus comentários árabes

uma multiplicidade de significados, um dos quais sendo *substantia*,[205] com a consequente presença de expressões dificilmente ligadas entre si.[206] De outro lado, enquanto a identidade entre as pessoas da divina trindade fica do lado da essência, a distinção entre as pessoas (que fica do lado da definição) se baseia sobre o próprio:

> *De fato, mesmo que a essência do Pai seja absolutamente idêntica à do Filho e do Espírito Santo, outro é o próprio do Pai, enquanto Pai, outro aquele do Filho e outro aquele do Espírito Santo: o Pai é chamado assim apenas porque tem a potência; o Filho porque conhece, ou seja,*

(particularmente Avicena e Averróis); sobre os múltiplos significados do termo *essentia* nos escritos abelardianos cf. J. Jolivet, *Notes de lexicographie abélardienne*, cit.

205 Pesa certamente, na ausência da tradição aristotélica, a autoridade de outros escritores da cultura clássica, por exemplo, Calcídio: "substância ou, como diz Cícero, essência" (*Timaeus a Calcidio translates commentarioque instructus*. WASZINK, J. H. Londres: Warburg Institute; Leiden: Brill, 1962, p. 78), ou Agostinho: "Portanto, como nós, usando um nome novo derivado de ser, chamamos de essência aquilo que chamamos também de substância. Assim os antigos, que não possuíam estas palavras, usavam natureza em vez de essência e substância" (Agostinho, *De moribus Ecclesiae catholicae*, 2.2.2).

206 Veja por exemplo estas duas afirmações presentes na *Theologia "Summi boni"* com pouca distância uma da outra: "De fato Sócrates e outro em relação a Platão segundo a pessoa, ou seja, distinto dele em sua própria essência (*in propria essentia*), assim um não é o outro; todavia, não é outro em relação àquele, ou seja, não é diverso segundo a substância (*substantialiter*), porque ambos são da mesma natureza, pois têm a mesma espécie: os dois são homens" (Pedro Abelardo, *Theologia "Summi bono"*, II.32, cit., p. 119); "Cada pessoa (vd da trindade divina) pode ser dita outra em relação à outra, mas bem menos do que Sócrates é outro em relação a Platão; a essência das três pessoas é uma e singular (*una sit singularis essentia*), enquanto a substância de Sócrates e de Platão não é a mesma segundo a essência (*non sit eadem, essentialiter substantia*), mas as suas substâncias (*substantie*) são distintas, e assim a essência (*essentia*) de Sócrates não é aquela de Platão" (*Ibid.*, II.41, p. 123-125).

> *tem a potência de conhecer; o Espírito Santo, porque é bom.*[207]

Abelardo trabalhará sobre a noção de *proprium* constantemente em sua obra teológica até alcançar, como veremos mais tarde, uma ampla análise dela no livro II da *Theologia "Scholarium"* em conexão com um aprofundamento do conceito de *pessoa*, central na doutrina trinitária, a que são dedicadas ainda observações conclusivas do livro II da *Theologia "Summi boni"*. Tratando do termo *pessoa* em relação à trindade divina, o mestre palatino fornece uma indicação útil para enquadrar o sentido de seu trabalho teológico em relação ao dado de fé e para distinguir novamente a sua busca racional daquela dos *pseudodialéticos*. Frente àquela que ele mesmo indica como uma *gravíssima objeção*, que pede que se justifique por qual razão as pessoas divinas são distintas segundo a Potência, a Sapiência e a Bondade e não, ao contrário, com base na eternidade ou nos múltiplos dons do espírito,[208] o que comportaria a presença de inumeráveis pessoas em Deus, Abelardo responde:

> *nós não assumimos a tarefa de indagar por que as pessoas divinas são distintas em um modo em vez de em outro modo, mas queremos dizer como é possível interpretar adequadamente o modo em que elas são distintas e defender a nossa*

---

207 Pedro Abelardo, *Theologia "Summi boni"*, II.103, cit., p.163.
208 O que permitiria distinguir as pessoas através de caráteres diversos e não através do que é idêntico.

fé, se alguém afirmar que pode ser diferente daquilo em que acreditamos.[209]

Com esta afirmação, que retoma, sob outra forma, a convicção de que sem a manifestação de Deus a nossa limitada capacidade de compreensão seria nula, argumentação não por acaso utilizada para contrastar as presunçosas *ratiunculae* dos *pseudodialettici*, o mestre palatino mostra como o objetivo de sua busca é aquele de defender *racionalmente* o dado revelado, ou seja, demonstrar sua coerência com as regras da razão lógica, assumindo-o ao mesmo tempo como limite intransponível da pesquisa.

3.2.3. Livro III: unidade, trindade e alma do mundo

Na parte central do livro II, Abelardo havia reportado vinte objeções contra a trindade e unidade divinas,[210] argumentações "bastante insidiosas e difíceis"[211] propostas pelos estudiosos de dialética, que usam a unidade da essência para contrastar a trindade das pessoas, e da diversidade das pessoas para colocar em discussão a identidade da essência. O mestre palatino dedica amplo espaço à exposição das objeções e, mesmo remetendo sua solução ao livro III, já ao fim da ilustração indica com base em qual princípio geral elas devem ser confrontadas:

---
209 Pedro Abelardo, *Theologia "Summi bono"*, II.116, *cit.*, p. 171.
210 Particularmente, quinze contra a trindade e cinco contra a unidade.
211 Pedro Abelardo, *Theologia "Summi boni"*, II.43, *cit.*, p. 125.

"Assim, dizemos que ali cada pessoa é diversa da outra, porque é distinta dessa por definição, ou seja, pela unicidade de sua propriedade, e assim o que é próprio desta não é próprio daquela".[212]

O fundamento geral do livro III, cuja primeira parte confronta, de forma complexa e não analítica, as objeções propostas é, portanto, constituído da distinção entre essência e propriedade em Deus: a primeira autoriza a falar de unidade, enquanto a segunda justifica o discurso sobre diversas pessoas:

> *Essas não se contradizem, porque, como já dissemos, trindade e unidade são tomadas de pontos de vista diversos* (secundum diversa [...] accipiantur), *aquela segundo as propriedades das definições, esta segundo o número.*[213]

Portanto, é possível falar de três pessoas, porque diversos *próprios* se encontram na mesma essência, da mesma forma com que os estudiosos de gramática sustentam que Sócrates, mesmo sendo uma única substância, é três pessoas distintas: aquele *que* fala, aquele *a quem* se fala e aquele *de quem* se fala. A distinção das pessoas não se traduz em uma pluralidade de *res*, como era a hipótese de uma das objeções propostas,[214] já que o termo "três" se liga a "pessoas" através de uma predicação acidental que não autoriza à predicação *simpliciter* ou *per se* termos que compõem o sintagma. A passagem indevida de *três pessoas* a *três coisas* seria

---

212 *Ibid.*, II.106, p. 165.
213 *Ibid.*, III.4, p. 177-179.
214 *Cf. Ibid.*, II.48, p. 127.

análoga, segundo o mestre palatino, à afirmação: "este é um grande ladrão, portanto é grande"[215]; falar de *predicação acidental* não significa, todavia, que as três pessoas sobrevenham de modo acidental à essência divina:

> *A trindade, como dissemos, é absolutamente eterna como as pessoas individuais; por isso a trindade não tem origem, ou seja, não deriva o ser, nem das pessoas nem de qualquer outra coisa, mesmo que esta consista nas três pessoas juntas. Digo "nas" três, em vez de "as" três, porque a preposição "de" exprime a matéria e parece indicar um princípio material; "em", em vez disso, designa o fato de que as pessoas estão contidas na trindade, ou seja, a própria trindade consiste nelas juntas, e assim "trindade" tem um significado igual a "três pessoas".*[216]

É evidente a atenção abelardiana à precisão da linguagem de forma que, à correta compreensão, e portanto ao conceito que dela deriva, unam-se "palavras adequadas para instruir e não para escandalizar";[217] o nível da compreensão e o nível da expressão são bastante entrelaçados, de forma que a falta de exatidão do segundo nível prejudica a compreensão do significado correto e, portanto, da totalidade do primeiro nível. A relação entre lógica e teologia mostra aqui o seu aspecto fundamental; se "não sobra nada a não ser palavras",[218] então não se pode absolutamente

---
215 *Ibid.*, III.5, p. 179.
216 *Ibid*, III.9, p. 185.
217 *Ibid.*, III.33, p. 201-203.
218 *Cf. Ibid*, II.3, p. 99: "Muitos arautos do grande anticristo já cantam; através deles, o inimigo do gênero humano tenta desestabilizar a fé,

ceder neste ponto, e elas devem ser utilizadas da forma mais precisa possível. A isto, some-se uma consciência ainda mais aprofundada dos limites da linguagem humana quando ela se encontra confrontada com a trindade divina; Abelardo não esconde os riscos que derivam da pobreza das palavras à disposição dos teólogos[219] e da paralela necessidade de se servir do tão frágil instrumento que os homens têm à disposição:

> *Por outro lado, o que podemos dizer de Deus se não falamos dele da mesma forma com que falamos das criaturas? Por isso às vezes, referindo-se a ele, usem-se corretamente de forma figurada, por meio de uma semelhança, termos próprios aos animais, aos pássaros, aos répteis e também aos objetos materiais.*[220]

---

fundamento de todo o bem. Por um tempo, suas bocas ficaram caladas com os milagres, de fato enquanto isso combatiam por meio das palavras, os santos padres batalhavam através dos fatos. Mas os milagres terminaram e a maldade cresceu: a falsidade, sem freios, prepara suas armas contra a verdade e a nós, que não podemos combater com os fatos, não resta nada a não ser palavras".

219 Sobre o tema da *inopia verborum*, cf. EVANS, G. R., "Inopes verborum sunt Latini". Technical language and technical terms in the writings of St. Anselm and some commentators of the midtwelfth century. *Archives d'histoire doctrinale et littéraire du Moyen Âge*, Paris, v. 43, p. 113-134, 1976.

220 Pedro Abelardo, *Theologia "Summi boni"*, III.73, p. 235; a utilização dos nomes das coisas para se referir a Deus não parece, todavia, imprópria à luz de uma hipótese "metafísica" ligeiramente referida logo após a citação: "Ele é designado, de forma não imprópria, com os nomes de quase todas as coisas, porque deixou uma certa imagem de si em tudo o que criou, de forma que o artifice se revele através de suas obras, e seja possível defender e confirmar aquilo que corretamente se crê sobre ele, através de uma semelhança derivada das criaturas".

Assim também o instrumento da *similitudo*, sobre o qual se fundamenta a possibilidade da *translatio nominum*, mostra a própria fraqueza intrínseca no momento em que se toma consciência de que nenhuma semelhança pode ser precisa, porque cada símile é necessariamente não símile em algo, ainda mais para Deus, cuja natureza é *longe diversa* em relação àquela das criaturas; desta fraqueza, todavia, a esta altura deve estar claro, não descende o silêncio, mas o rigor lógico que deriva do fato de que todo o trabalho do teólogo se desenvolve acerca dos enunciados.

A décima terceira resposta, que se refere à objeção segundo a qual em Deus "o idêntico nasce ou procede de si mesmo",[221] exige uma série de especificações ao redor das modalidades do gerar e do proceder. Abelardo dedica um grande espaço à primeira, propondo, entre outras coisas, pela primeira vez a semelhança do lacre de cera, que será mais tarde elaborada nas redações sucessivas da *Theologia*, para esclarecer a geração do Filho do Pai:

> *Portanto, preste atenção porque, mesmo que homem e animal tenham no homem uma essência idêntica, ou a imagem de cera seja idêntica à imagem feita com a própria cera, todavia o homem deriva do animal, como já mostramos anteriormente, e a imagem de cera, da cera [...]. Do mesmo modo, mesmo que a sapiência, ou seja, o Filho, seja idêntica por número ou essência à potência, ou seja, ao Pai, todavia a sapiência*

---

221 *Ibid.*, III.51, p. 213.

deriva da potência, como mostramos anteriormente, ou seja, o Filho é gerado pelo Pai.[222]

O uso da semelhança da imagem de cera, assim como outras, mesmo subordinado aos deveres recordados anteriormente, torna evidente que, na trindade divina, a identidade da essência não comporta a reciprocidade das relações entre as pessoas; a trindade não é anterior às pessoas, da mesma forma que o multíplice composto por relativos, de maneira que "trindade" tem significado idêntico a "três pessoas", mas as relações internas entre as pessoas não são definidas por esta identidade, mas pelo próprio de cada pessoa, e por isso jamais será possível afirmar que o Filho gera o Pai, ou que o Pai proceda do Filho e do Espírito.

Antes de terminar o tratado, ainda há uma questão para Abelardo resolver, aquela relativa à identificação da Alma do mundo do *Timeu* platônico com o Espírito Santo. Já no primeiro livro, o mestre palatino havia falado da figura platônica como *involucrum* da terceira pessoa da trindade, sob a luz de uma tradição muito antiga que remonta a Calcídio, Macróbio e Boécio, sem todavia esconder os problemas que dela nasciam, particularmente aqueles relativos à afirmação de Platão segundo a qual a Alma do mundo "foi produzida, ou seja, teve início".[223] A solução do problema é proposta ao final do terceiro livro, não por acaso após uma referência

---

222 *Ibid.*, III.59, p. 221-223.
223 *Ibid.*, I.56, p. 85.

ao *Timeu* de Platão, que Abelardo fez para contrastar a posição dos Padres gregos que sustentam que o Espírito procede exclusivamente do Pai, e não também do Filho. Assim, é nesse quadro de retomada do tema do valor da filosofia antiga como sustentação à fé católica na Trindade que Abelardo não apenas protege a *involucrum anima mundi* da acusação de ser uma imagem inadequada do Espírito Santo, mas descobre no interior dela elementos que consentem uma caracterização mais precisa da natureza e das funções do Espírito:

> *Ele de fato chamou o Espírito Santo de "alma", em vez de "espírito", querendo dizer que ele "nos anima", ou seja, nos vivifica através dos dons de sua graça e acréscimo de virtudes; nem sempre, todavia, o Espírito foi alma, ou seja, aquilo que vivifica. De fato, quando não havia criaturas a quem distribuir seus dons, ele não os distribuía. Como portanto nós chamamos de "múltiplo" o Espírito Santo, que é absolutamente simples, e lhe atribuímos o nome de "sete espíritos" pela diversidade de seus dons, assim também o filósofo sustenta que, em relação a seus efeitos, havia tido início aquilo que na própria essência subsiste eternamente, e portanto, por causa destes efeitos, o chamou de "alma" em vez de "espírito". O termo "Espírito" indica a natureza; "alma", que deriva de "animar", indica a função.*[224]

---

224 *Ibid.*, III.94, p. 257-259. NT: "alma": em italiano, *anima*, que vem do verbo *animare*, "animar".

Portanto é possível, sustenta Abelardo, sem incorrer em erros de natureza teológica, afirmar que o Espírito teve início no que se refere a seus efeitos, ou mais precisamente, que seus efeitos tiveram início.

As últimas palavras da *Theologia "Summi boni"* reafirmam o sentido complexo de obra destinada não tanto a ensinar a verdade, mas a defender os enunciados da fé no plano racional, que para Abelardo coincide com o plano da linguagem e de suas regras.

3.3 *Theologia "Scholarium"*: o último desenvolvimento da busca abelardiana

Já na *Theologia "Summi boni"*, Abelardo havia fornecido uma imagem da própria busca teológica como obra aberta a desenvolvimentos posteriores, solicitados por problemas novos e por controvérsias novas que surgem no curso do questionamento: "mas, enquanto buscamos resolver algumas questões, talvez caiamos em controvérsias ainda mais complexas, e enquanto dissolvemos estes nós, formemos outros mais resistentes".[225]

O texto, condenado no Concílio de Soisson, torna-se então a base sobre a qual se construiriam as sucessivas evoluções da busca teológica abelardiana, que passou por cinco redações diversas da *Theologia christiana* para chegar à obra mais madura, a *Theologia "Scholarium"*, da qual existem três redações. É

---

225 *Ibid.*, III.69, p. 231.

exatamente nesta última obra que alguns elementos presentes na *Theologia "Summi boni"* são precisados e posteriormente elaborados, e os temas da onipotência, da preciência e da providência de Deus são confrontados, com uma amplitude maior em relação às obras precedentes.

3.3.1. *Theologia "Scholarium"*: o problema do *proprium* e do *status*

Como vimos no exame da *Theologia "Summi boni"*, o núcleo central da teologia abelardiana é representado pela busca em relação ao significado e ao modo de conceber a trindade divina. Na tentativa de explicar a copresença de trindade e unidade em Deus, o mestre palatino, mesmo ciente do papel de *auctoritas*, sobre estes temas, do *De trinitate* agostiniano, progressivamente redimensionou a função da categoria de relação, central na argumentação agostiniana, para dar lugar às propriedades. Este processo chega à maturidade no livro II da *Theologia "Scholarium"*, em que se realiza a passagem plena de uma *teologia das relações*, de clara impostação agostiniana, representada no século anterior, mesmo se de forma não plenamente coerente, a partir da pesquisa teológica de Anselmo d'Aosta, a uma *teologia das propriedades*, ou melhor, do *proprium*, que fundamenta a distinção das pessoas com base nos diversos próprios. Abelardo, mesmo não subvalorizando a categoria de *relação*, recusa-se a ver nela:

o único e absoluto instrumento para tentar uma composição da tripersonalidade. Ao contrário, ela contextualiza a relação num edifício em que a busca pelo proprium se apresenta como um elemento estruturante.[226]

Assim, o mestre palatino coloca o êxito último da própria busca teológica no esteio de um aprofundamento lógico-linguístico da tradição aristotélico-porfiriana,[227] em plena coerência com a própria formação dialética. O problema do confronto se mantém o mesmo: o vão entre as palavras e as coisas; tal fratura, não plenamente resolvida no nível das coisas criadas, em que o resultado da ação do *inventor* não corresponde inteiramente às suas intenções,[228] *agiganta* as próprias consequências no plano da realidade divina, no qual, à fratura assinalada, soma-se a

---

226 BONANNI, S. P. *Parlare della trinità. Lettura della* Theologia Scholarium *di Abelardo*. Roma: Editora da Pontifícia Università Gregoriana, 1996, p. 156. (Analecta Gregoriana 268, *Series Facultatis Theologiae* section B, n. 91).

227 A complexidade do conceito de *proprium* é resultado de uma longa tradição cujo elemento central é representado pela reflexão porfiriana em que não faltam ambiguidades; *cf.* ECO, U. "L'albero di Porfirio", in *Semiotica e filosofia del linguaggio*. Turim: Einaudi, 1984, p. 94: "[o próprio] ocorrem em uma, e apenas uma, espécie, apenas naquela e em todo momento (como a capacidade de rir no homem) [...]. Neste sentido, [ele] teria todas as razões para pertencer à definição essencialmente, e em vez disso é dela excluído e aparece como um acidente, ainda que com um estatuto particular".

228 Abelardo já havia ressaltado, nas diversas obras sobre lógica, o caráter não plenamente satisfatório de qualquer *impositio nominum*; *cf.* Pedro Abelardo, *Logica "Ingredientibus", Glossae super Porphyrium*, *cit.*, p. 23: "Qualquer nome de qualquer existente, enquanto está nele, gera um conceito mais do que uma opinião, a partir do momento em que a intenção de quem o institui é de o impor com base em alguma natureza ou propriedade, mesmo que nem mesmo ele consiga compreender plenamente (*bene excogitare*) a natureza ou a propriedade da coisa".

absoluta *alteridade ontológica* do objeto. Assim, se frente à realidade a superação deste vão era confiado à *confusão* linguística própria de termos que, devendo se referir a um *status communis* que lhes justifique a imposição, qualificam-se como universais mesmo na presença de uma realidade estruturalmente caracterizada pela individualidade e pela particularidade; em relação à divindade, a superação do *bloco linguístico*[229] acontece através da *translatio* examinada com base na noção do *proprium* reelaborada, em relação ao original porfiriano, à luz do conceito de *status*:

> *Existem coisas diversas segundo a propriedade e a definição, mesmo que estejam unidas na predicação, à medida que são essencialmente idênticas. Todavia, segundo o respectivo estado* (status), *outro é o próprio* (proprium) *de uma, outro aquele da outra. Portanto, cada uma deve ser determinada a partir de uma definição própria e diversa no sentido das outras. Chamamos de próprias aquelas definições que exprimem integralmente o ser das coisas individuais.*[230]

Proprium e *status*, que representa o fundamento do primeiro, são delineados dentro de uma identidade essencial (*essentialiter idem sunt*) e se tornam fundamentais para representar a trindade divina; para que isto seja

---

229 Certamente não do *bloco gnoseológico*, porque para Abelardo o conhecimento das *res* objetos da pesquisa resulta impossível; *cf.* U. Eco, *L'albero di Porfirio*, *cit.*, p. 103: "A árvore é uma estrutura *sensível aos contextos*, não um dicionário absoluto".
230 Pedro Abelardo, Theologia "Scholarium", II.97, *in* BUYTAERT, E. M.; MEWS, C. J. (Ed.). *Petri Abaelardi opera theologica III*. Turnhout: Brepols, 1987, p. 455. C.C.C.M. 13.

plenamente possível, todavia, é necessária uma evolução posterior do pensamento teológico abelardiano. Como vimos anteriormente, o livro II da *Theologia "Summi boni"* fornecia algumas indicações a respeito do termo "idêntico", elencando e examinando os diversos modos com que este é predicado[231]; entre estes, não aparecia a identidade segundo a propriedade, que entretanto aparece na última versão da *Theologia*:

> Dizemos "idêntico" em três modos, e talvez até mais. Idêntico segundo a semelhança, idêntico segundo a essência ou o número, e idêntico segundo a propriedade [...]. São idênticas segundo a propriedade ou a definição aquelas coisas que não são as mesmas pelo número, mas também não se diferem por uma propriedade qualquer ou definição específica.[232]

Identidade essencial e identidade segundo o *proprium* abrangem classes de sujeitos não coextensivas; a primeira compreende a segunda, não coincide com esta, constituindo portanto sua condição necessária, mas não suficiente, de existência. O *proprium* se revela o único elemento capaz de impedir a anulação das pessoas divinas na unidade substancial, em virtude de sua ligação essencial com a noção de *status* que, como já vimos a propósito dos termos

---
231 *Cf*. Pedro Abelardo, *Theologia "Summi boni"*, II.82, p. 149: "Ambos [a análise se refere também ao termo "diverso"] se predicam em seis modos, e talvez mais. Diz-se de fato que uma coisa é "idêntica" ou "una" segundo a essência, segundo o número, segundo a definição, segundo a semelhança, segundo a imutabilidade e segundo o efeito".
232 Pedro Abelardo, *Theologia "Scholarium"*, II. 95, *cit*., p. 454.

universais, justifica a *impositio* do nome como algo de real mas sem ser uma *res*. Esta passagem é fundamental para a argumentação trinitária de Abelardo: o *status*, o *proprium* que sobre ele se fundamenta, é algo de objetivo e real; deste modo, evita-se a redução das pessoas a acidentes da única substância divina; ao mesmo tempo, porém, o *status*, e consequentemente o *proprium*, não é uma *res*, o que evita o perigo de que a tripersonalidade divina se traduza em uma multiplicação de essências. A releitura de Abelardo se revela uma releitura original da categoria de *relação* agostiniana: Agostinho sustentou que "nem tudo o que dele [*sc.* de Deus] se predica, predica-se segundo a substância",[233] mas nada em Deus se predica de modo acidental; a partir deste pressuposto, o mestre palatino coloca como fundamento da categoria de relação o *proprium* resgatado, através da ligação com o *status*, das ambiguidades que talvez tenham anteriormente impedido seu uso no discurso teológico.

3.3.2. *Theologia "Scholarium"*: uma eficaz semelhança derivada pelos filósofos

Também no que tange à possibilidade de traduzir as argumentações lógicas examinadas até aqui em uma imagem, em uma *similitudo* que seja capaz de comunicar a complexidade das relações entre as pessoas divinas, o pensamento de Abelardo realiza

---
233 AGOSTINHO. *De trinitate*, 5.5.6. Roma: Città Nuova, 1987, p. 241. Tradução italiana de G. Beschin.

uma evolução significativa entre a *Theologia "Summi boni"* e a *Theologia "Scholarium"*. Na primeira obra teológica, a relação Pai e Filho havia sido ilustrada utilizando-se a semelhança com a relação entre a cera e a imagem de cera; esta imagem ressaltava a falta de reciprocidade na relação, mas se revelava carente no que tangia à terceira pessoa da trindade divina. A passagem à semelhança do selo de bronze, certamente a mais conhecida entre aquelas propostas por Abelardo, que lhe atribui características de maior adequação, marca o fim da revisitação da semelhança – na *Theologia christiana*[234] – e se vale dos resultados da análise do conceito de *proprium* vista anteriormente. A nova semelhança é claramente endereçada para representar as relações entre as três pessoas da trindade, e não por acaso, na última versão da *Theologia* abelardiana, precede a ilustração da geração do Filho a partir do Pai, enquanto a semelhança da imagem de cera estava dentro deste tratado. Esta nova disposição evidencia a função estrutural da semelhança

---

234 Importante para a revisão da semelhança é a introdução dos conceitos de material e forma com base em uma releitura de Porfírio e Boécio; *cf.* Pedro Abelardo, *Theologia Christiana*, IV.85, *in* BUYTAERT, E. M. (Ed.). *Petri Abaelardi Opera Thologica II*. Turnhout: Brepols, 1969, p. 305-306, C.C.C.M. 12: "'Desde a criação do mundo, nas obras nela completas' [Rm 1,20] tanto por nós quanto pela natureza; segundo aquela argumentação com base na qual os filósofos sustentam que algumas coisas consistem de matéria e forma, outras segundo uma semelhança com a matéria e com a forma. Nestes compostos, é fundamentalmente única a substância do constituinte e do que é constituído, como aquela da matéria e do constituído pela matéria, mas são, todavia, diversas, e distintas umas das outras, as propriedades da matéria e do constituído pela matéria, como ocorre com a cera e com a imagem de cera que dela deriva".

do selo de bronze: referir-se, dentro da representação, também à terceira pessoa da trindade, de forma que, também para o Espírito Santo, ou melhor, para sua imagem dentro da *similitudo*, a distinção ocorra com base no *proprium:*

> *E mesmo que a própria matéria seja idêntica àquilo que* materiato[235] *todavia naquele selo jamais o* materiato *é a matéria, ou a matéria é o* materiato. *O selo é feito de bronze e é "capaz de selar", ou seja, é apto a selar, mesmo que não seja ainda "selante em ato". Quando, todavia, com ele se sela a cera, então na única substância do bronze há três propriedades diversas: o próprio bronze, o ser apto a selar e o selar-em-ato. Estas propriedades se relacionam umas com as outras de forma que do bronze deriva o ser capaz de selar, ou seja, o selo, e contemporaneamente do bronze e do ser capaz de selar deriva o selante-em-ato.*[236]

A semelhança ilustrada acima responde a uma dupla finalidade: de um lado torna *visível*, ou melhor, *dizível*, através de uma imagem tirada da realidade e expressa mediante uma terminologia filosófica, o dogma trinitário; de outro lado, constitui a estrutura argumentativa de referência, um tipo de medida de comparação, para avaliar as semelhanças propostas por outros teólogos, como mostra a crítica, formulada apenas poucas páginas depois, em relação à imagem

---

[235] NT: mantido em italiano, significa "constituído, formado, composto por uma determinada matéria"
[236] Pedro Abelardo, *Theologia "Scholarium"*, II.112, p. 463.

da fonte, do rio e do lago proposta da *Epistola de incarnatione verbi* de Anselmo d'Aosta.[237]

3.3.3. *Theologia "Scholarium"*: onipotência, preciência e providência

> *Tratamos, até agora, dos temas que parecem dizer respeito às verdades individuais da profissão de fé cristã: ou seja, as questões relativas à distinção das três pessoas na substância divina, que é absolutamente única e individual, em sua simplicidade. Aqui será bom forçar a mente um pouco mais para o alto, impulsioná-la na contemplação, para alcançar a perfeição deste Sumo Bem e responder ponto por ponto, com uma réplica mais precisa, a quem quer que pareça lançar qualquer motivo para dúvida: tentaremos, portanto, definir todas as coisas com razões verossímeis e honestas. E quanto mais se manifestar a perfeição deste Sumo Bem, tanto maior será a força do desejo com que poderá atrair cada homem para si. Para isto,*

---

237 *Cf.* D'AOSTA, Anselmo *in* PARODI, M.; ROSSINI, M. (Ed.). *Fra le due rupi. La logica della trinità nella discussion tra Roscellino, Anselmo e Abelardo*. Milão: Unicopli, 2000, p. 159, tradução italiana de M. Parodi: "Portanto são três a fonte, o rio, o lago, enquanto há apenas um Nilo, um só curso d'água, uma só natureza, uma só água; e não se pode dizer o que são três. De fato não há três Nilos ou três cursos ou três águas ou três naturezas, e nem mesmo três fontes, três rios ou três lagos. Neste caso, uma única coisa se diz três e de apenas uma, e entretanto estas três não se podem dizer uma da outra". Segundo Abelardo, que mede as palavras de Anselmo com base na *similitudo* do selo de bronze, a imagem anselmiana não garante a simultaneidade da identidade segundo a essência, fundamental para não cair na heresia; de fato fonte, rio e lago têm uma essência idêntica *per temporis successionem*; *cf.* Pedro Abelardo, *Theologia "Scholarium"*, II.120, *cit.*, p. 467-468.

> *será necessário recapitular primeiro o nosso pensamento sobre a substância divina, e depois aquele sobre a trindade das pessoas. E assim, se nos livros precedentes elaboramos uma reflexão útil para a defesa da nossa profissão de fé, agora devemos nos esforçar para consolidá-la.*[238]

O livro III da *Theologia "Scholarium"* se apresenta como uma tentativa de recapitular os resultados atingidos no trabalho anterior e, ao mesmo tempo, como vontade de retornar aos mesmos temas em função de consolidação. Neste sentido, é possível ler também a dialética entre *rationes necessariae* e *rationes honestae*: em um projeto totalmente unitário, as primeiras foram úteis na defesa da fé em relação aos hereges e àqueles que com diversas modalidades quiseram atacá-la; agora, as segundas são funcionais para a *amplificatio fidei* a ser compreendida como um aprofundamento que supere dúvidas e perplexidades.[239]

É nesta recapitulação aprofundada dos elementos que portam a unidade e a trindade divinas que, após ter conectado firmemente a unidade da substância divina com o governo harmônico das coisas criadas, também com base em retomadas do pensamento filosófico antigo,[240] e após ter apresentado a ordem que daí deriva como a melhor possível, o mestre palatino apresenta de forma decidida o problema da onipotência:

---

238 Pedro Abelardo, *Theologia "Scholarium"*, III.1, p. 498.
239 *Cf. ibid.*, III.15, p. 505-506.
240 Na argumentação abelardiana estão os nomes de Platão e de Cícero.

> *E em primeiro lugar devemos questionar: como pode ser chamado realmente de onipotente, se não pode fazer tudo? E em que sentido pode tudo, se nós podemos algumas coisas que ele não pode?*[241]

A solução, que se desenrola nas páginas sucessivas, parte de um princípio que liga indissoluvelmente a potência e a dignidade: "sustento ser uma premissa que, mesmo segundo os filósofos e o uso comum das palavras, não se atinge jamais a potência de uma coisa senão naquilo que é digno dessa e a essa conveniente".[242]

A partir da definição da onipotência proposta no livro I,[243] Abelardo traduz dignidade e conveniência na equivalência entre poder e querer em Deus, de forma que a sua onipotência não se identifica com a possibilidade de fazer qualquer coisa, mas com a impossibilidade de algo se opor à sua vontade no momento em que quer que uma determinada coisa ocorra. Torna-se, assim, necessário um aprofundamento sobre o tema da vontade de Deus, que toma a forma do exame dos diversos significados da expressão "Deus

---

241 *Ibid.*, III.18, p. 507; não devemos esquecer que o tema da onipotência está junto ao exame das dúvidas e das perplexidades que podem ser referidas às três pessoas da trindade divina: "Mas ora, a partir da unidade da substância divina – que quisemos colocar quase como fundamento de todo o resto – é correto proceder de forma ordenada à distinção das três pessoas que estão na própria substância: restam ainda, de fato, a serem examinadas diligentemente a divina potência, sapiência e benignidade, segundo as quais, como já dissemos, distinguem-se as três pessoas" [*Ibid*, III.17, p. 507], desta forma as considerações sobre a potência condicionarão também aquelas sobre a sapiência e sobre a bondade.
242 *Ibid.*, III.18, p. 507.
243 *Cf. Ibid.*, I.30, p. 331: "Onipotente não é aquele que pode fazer tudo, mas aquele que pode fazer qualquer coisa que quiser".

quer", que pode ser compreendida como *deliberação* ou como *exortação*. Estabelecida esta distinção, o tema da onipotência é reformulado através de uma nova série de questões: "Deus pode fazer mais ou melhor do que faz? E não pode desistir de forma alguma daquilo que faz? E as coisas que faz, poderia não as ter feito?"[244]

A resposta de Abelardo é quase imediata, e o autor não esconde a problemática unida à consciência de que está em desacordo com muitas *auctoritates*: "É evidente que ele não pode fazer nada além de coisas boas; e que pode apenas fazer coisas que é conveniente e bom que faça";[245] o que motiva esta resposta, que será sustentada por uma série de argumentações intensas, é a vontade de evitar a contradição que haveria no momento em que o sumo bem pudesse algo menor ou diverso do bem, pois em tudo o que cumpre, Deus é orientado mais pelo bem do que pelo arbítrio de sua vontade. Portanto, é evidente que, para que qualquer coisa seja levada ao cumprimento ou seja descartada por Deus, existe uma "causa justa e racional";[246] assim, não há dúvidas de que tudo aquilo que Deus faz ele deve fazer, porque, segundo uma lógica que não contempla meios-termos, "tudo o que é justo fazer também é injusto não ser feito",[247] e Deus não pode estar envolvido no delito de não fazer aquilo que a razão exige que seja feito, que, com base na lógica agora relembrada, seria a mesma coisa

---

244 *Ibid.*, III.27, p. 511.
245 *Ibidem*.
246 *Ibid.*, III.35, p. 514.
247 *Ibid.*, III.35, p. 515.

que fazer aquilo que não concorda com a razão. Daí a conclusão que forneceu mais de um argumento para a acusação de *determinismo teológico* levantada em relação ao mestre palatino:

> *Por esta razão, Deus pode fazer apenas o que faz, e descartar aquilo que de fato descarta: pelo fato de que certamente, para cada simples coisa que faz ou descarta, encontra uma causa racional para que ocorra ou seja descartada. E ele próprio, a partir do momento em que é suma razão, não pode fazer ou querer nada contra aquilo que é congruente com a razão. De fato, ninguém pode querer e agir racionalmente se está afastado da razão.*[248]

Portanto, a vontade de Deus é perfeito exatamente porque ele não deixa de levar à realização o que, segundo o seu eterno conselho, tinha previsto que devia ser realizado, de forma que, a respeito daquilo que deve ser feito, "a sua potência e a sua vontade são ligadas uma à outra de tal modo que aquilo que não quer não pode, de fato, fazer";[249] desta forma, vontade e potência parecem estar vinculadas a uma ordem predeterminada reforçada pelo insistente uso do verbo *convir*, que exige a ligação entre potência e dignidade a partir da qual começou todo o questionamento.

Uma última consideração em relação à potência, e às possíveis objeções que o próprio Abelardo formula à própria posição na consciência de sua deformidade

---
248 *Ibid.*, III.37, p. 515-516.
249 *Ibid.*, III.45, p. 519.

em relação à tradição, leva-nos ao campo da linguagem e à necessidade de levarmos em conta o fato de que também o termo "possível", como todos os outros termos, sofre uma variação no momento em que se refere a Deus:

> *mesmo que seja igual dizer que 'um homem foi salvo por Deus' e 'Deus o salva', não é de surpreender que, mesmo sendo possível a primeira, não por isso se concede ser possível a segunda.*[250]

Para poder compreender de forma correta a afirmação abelardiana, que se insere no conjunto de numerosos outros exemplos relativos à diferença entre proposições aparentemente similares, devemos levar em conta que ambas as afirmações citadas se referem a um homem que não será salvo, portanto a citação poderia ser reformulada assim: "é possível, ao mesmo tempo, negar que Deus possa salvar este, homem e admitir que este mesmo homem possa ser salvo por Deus". No segundo caso, a possibilidade é posta em relação à natureza humana, assim a possibilidade de ser salvo não contrasta com a mutabilidade da natureza do homem, como, de outra forma, acontece com a possibilidade de ser condenado; negar contemporaneamente que Deus possa salvar este homem significa referir a possibilidade, neste caso a impossibilidade, à natureza divina, que não pode derrogar a própria dignidade (neste sentido, o que é impossível para Deus) fazendo o que não é conveniente que seja feito. Em tal caso:

---

250 *Ibid.*, III.52, p. 522-523.

> *a análise dialética é posta a serviço de uma tese fundamentada sobre as razões da conveniência, e conduz à recuperação do ponto principal da refutação: a distinção puramente formal entre as duas construções nas quais está inserido o termo possível faz surgir uma distinção entre naturezas diversas que são fundamento de "possíveis" diversos.*[251]

O detalhado exame sobre o tema da potência divina se abre inevitavelmente a questões ainda mais amplas e complexas que tangem à providência e à preciência de Deus. A complexidade do tema não permite um resumo em poucas linhas; é possível afirmar, porém, que mesmo neste caso a argumentação abelardiana se vale da análise da linguagem e do uso crítico dos autores antigos. Isto ocorre na relação entre preciência divina e futuros contingentes, em que a referência obrigatória é constituída pelo capítulo 9 do *Peri hermeneias*, e na relação entre providência e liberdade, em que é inevitável a referência ao livro V de *De consolatione philosophiae* de Boécio.

3.4. *Sic et non*: um "livreto" teológico original

O *Sict et non*, como boa parte das obras abelardianas, chegou até nós como resultado de sucessivos e repetidos remanejamentos;[252] isto é ainda mais

---

251 JOLIVET, J. *Arts du langage et théologie chez Abelard*, cit., p. 325-326.
252 É provável que Abelardo tenha começado sua compilação em St. Denis, após o Concílio de Soisson.

compreensível para uma obra cuja finalidade didática é quase explicitamente indicada no *Prólogo*:

> *Parece-me oportuno reunir a afirmações já conhecidas, como fizemos, aquelas dos santos padres, que se destacam em nossa memória, e que podem apresentar alguma contradição e, assim, induzir os jovens leitores a um maior exercício na busca da verdade, e os tornar mais sutis nos questionamentos.*[253]

A obra se apresenta como um amplo dossiê dividido em três partes que retomam a divisão da matéria teológica proposta pelo próprio Abelardo em *Theologia "Scholarium"* (*fides, sacramentum, caritas*); cada parte é composta por capítulos, totalizando 158, constituídos de *sententia*, tiradas de textos de escritores reconhecidos, que se contradizem entre si: "Cap. 1: A fé deve ser fortalecida por razões humanas: sim e não. Cap. 2: A fé tange apenas às coisas não aparentes: sim e não. Cap. 3: Deve-se crer em apenas um Deus: sim e não".[254]

As coletâneas de *sententiae* derivadas das *auctoritates* eram frequentes nos séculos XI e XII, e constituíam um gênero amplamente difundido na época de Abelardo; os estudantes e os mestres da *sacra pagina* frequentemente não utilizavam as obras dos autores, mas extratos e coletâneas de citações que apresentavam muitos problemas de interpretação. A originalidade do escrito do mestre palatino não está tanto no dossiê

---

253 Pedro Abelardo, *Sic et non*, in BOYER, B. B.; McKEON, R. P. (Ed.). Chicago; Londres: The University of Chicago Press, 1976-1977, p. 103.
254 *Ibid.*, p. 87.

que ele compila, mas no breve *Prólogo* da coletânea, em que ele precisa o método de que se serve, não tanto para estabelecer o pensamento autêntico dos autores utilizados, mas para conciliar *auctoritates* que se apresentam diversas, mas frequentemente não são realmente opostas entre si: "algumas afirmações dos Padres *parecem* (*videantur*) não apenas diversas, mas também aversas".[255] A suposta oposição entre *sententiae* remontáveis a escritores reconhecidos não se traduz no *Prólogo* abelardiano na simples constatação de ignorância do leitor, que poderia abrir o caminho para um silêncio que reconheça a impossibilidade da compreensão[256], mas na reivindicação da dúvida como porta de entrada à busca da possível conciliação com aquilo que parece oposto: "Através da dúvida, chegamos à busca e por meio da busca compreendemos a verdade, segundo o que a própria verdade afirma: 'Buscai e achareis; batei vos abrir-se-á' (Lc 2, 45-48)".[257]

---

255 *Ibid.*, p. 89 (itálico meu); a propósito desta característica, *cf.* BULTOT, R. Historicité et verité, d'un point de vue d'historien, *in* MORREN, L.; LADRIÈRE, J. (Ed.). *Revue d'éthique et théologie morale*, Paris, v. 188-189, p. 263-300, 1994.

256 *Cf.* Bernardo de Claraval, Sermones super Cantica canticorum, 67.3 *in* LECLERCQ, J.; ROCHAIS H.; TALBOT, C. H. (Ed.). *Opera omnia*. Roma: Cistercienses, 1957, vol. II, p. 189: "Ignoramos aquilo de que fala, porque não sentimos aquilo que ele sente"; a plena compreensão do texto é impossível segundo Bernardo, a menos que se "sinta" aquilo que o redator do texto "sente". O termo "sentir" neste caso se relaciona a uma afinidade não racionalizável nos termos das competências lógicas colocadas em campo pela interpretação proposta por Abelardo, que busca desta forma superar a alternativa paralisante entre a necessidade de inspiração divina e a impossibilidade da compreensão do texto.

257 Pedro Abelardo, *Sic et non, cit.*, p. 104-105.

O exercício desta dúvida metódica e não cética é possível pela definição precisa do âmbito de uso da razão na solução do conflito das opiniões; a razão hermenêutica de fato situa a própria ação no plano da linguagem e da correção lógica das afirmações em plena coerência com o espaço designado para o trabalho do teólogo nas diversas redações dos tratados dedicados à trindade:

> *Sobretudo nos obstruem o caminho até a compreensão a forma insólita da expressão e na maioria das vezes o significado diverso das mesmas palavras, pelo fato de que o mesmo termo em alguns casos é utilizado em um significado, e em outros casos, em outro. De forma que cada um é levado a conferir diversos significados, assim como a utilizar um grande número de palavras.*[258]

Todas as regras que Abelardo propõe a seus leitores e aos jovens pesquisadores tangem às diversas modalidades com que podem ser reconstruídos, no modo mais preciso possível, os diversos significados das *sententiae* dos Padres: dos elementos externos que impõem a avaliação atenta da autenticidade do escrito, distinguindo-o de eventuais apócrifos, à identificação dos eventuais erros dos copistas; da precisa reconstrução da evolução do pensamento do autor, que poderia ter retratado algumas afirmações próprias, como aconteceu com Agostinho, à possibilidade de o próprio autor ter citado outros, até pensadores hereges, para fornecer uma informação

---

258 *Ibid.*, p. 89.

completa aos próprios leitores. A lista de regras de prudência para a leitura dos textos termina com uma indicação mais puramente lógica que se refere ao significado dos termos: "Na maior parte das vezes encontrar-se-á facilmente a solução das controvérsias, se pudermos afirmar que às mesmas palavras diferentes autores conferem significados diversos".[259]

Discussão e solução dos problemas teológicos encontram a própria colocação mais adequada no âmbito *racional* da predicação e da significação, relegando a segundo plano a *auctoritas* a respeito de que não há uma refutação, em princípio, por parte de Abelardo, mas uma definição mais precisa do papel ou, melhor dizendo, do espaço operativo em relação à definição dos limites da *razão hermenêutica*. De fato, apenas quando todas as normas de interpretação de texto foram tentadas, sem que a contradição entre as *auctoritates* tenha sido removida ou recomposta, é que devemos nos voltar à autoridade, decidindo qual entre aquelas propostas nos parece mais fundamentada e segura:

> *O leitor diligente tentará todos os modos diversos propostos acima para resolver as controvérsias nos escritos dos santos. Se por acaso se apresentar uma controvérsia tal a não poder ser resolvida através de nenhum dos instrumentos racionais* (nulla possit absolui ratione), *devem-se utilizar as autoridades e especialmente deve ser considerada superior a afirmação da melhor autoridade.*[260]

---

259 *Ibid*, p. 96.
260 *Ibidem*.

O *Sic et non* abelardiano, inserindo-se em uma sólida tradição que fazia uso da análise e da comparação de textos aparentemente contraditórios entre si, fornece a esta prática teológica bases teóricas seguras e fundamentadas[261] que giram em torno à importância do *interrogatio* na hermenêutica dos textos, e do texto sagrado *in primis*. O ato de questionar, de um lado, mesmo com o reconhecimento da *sacralidade* dos escritos colocados sob exame, alça-os ao plano da razão no que se refere à correção lógica de sua expressão; também favorece, exatamente neste nível, o nascimento de questões e dúvidas que permitem a continuação da busca e o possível aumento do conhecimento através de uma precisa avaliação das posições em campo. Neste âmbito, Abelardo, no breve "Prólogo" da obra, realiza uma significativa convergência entre uma linha de pesquisa de indubitáveis tons agostinianos e elementos que derivam do grande conhecimento de textos aristotélicos,[262] que ajudam a fornecer, à hermenêutica que assim se realiza, conotações lógico-dialéticas de grande relevância.

---

261 *Cf.* MEWS, C. J. *Abelard and Heloïse*. Oxford: Oxford University Press, 2005, p. 127.
262 Pouco antes de afirmar o valor da dúvida metódica para a busca da verdade, Abelardo, no *Prólogo*, havia lembrado, para sustentar a própria posição, de um texto aristotélico: "Talvez seja difícil esclarecer definitivamente argumentos do tipo se não depois de eles serem tratados repetidamente. Todavia, *duvidar de cada simples ponto não será inútil*" (Aristóteles, Categorie, 8b, 22-25, *in* ARISTÓTELES. *Organon*, vol. I. Bari: Laterza, 1970, p. 29. Tradução italiana de de G. Colli).

IV.
Conceitos--chave

Abstração (*abstractio*). É a modalidade com que sempre se realiza a intelecção dos universais, que são o resultado de uma consideração da realidade pensada de forma diversa de como existe: "pensar significa considerar não a coisa, mas uma natureza ou uma propriedade da própria coisa";[263] exatamente por se referirem ao modo de pensar as coisas, e não ao modo de ser das próprias coisas (que são sempre individuais), é que as noções universais não resultam falsas nem vazias.

Alegoria/Mito (*integumentum/involucrum*). Modalidades por meio das quais os filósofos pagãos *revelavam/escondiam* as próprias afirmações em relação à natureza divina. Abelardo, também com base nas sugestões de Macróbio, utiliza estes vocábulos apenas em relação à filosofia platônica. Todavia, a operação mediante a qual há o esclarecimento não é exclusivamente de tipo hermenêutico/exegético, mas põe em causa também a realização historicamente representada pela mensagem cristã em relação às palavras dos pagãos, segundo modalidades características dos termos *typos/figurai*, próprios da linguagem bíblica.

Alteridade ontológica (*longe remotus*). A locução jamais é utilizada por Abelardo nesta forma, mas

---

263 Pedro Abelardo, Logica "Ingredientibus", Glossae super Peri hermeneias, *cit.*, p. 317.

várias expressões latinas nas diversas obras teológicas servem para indicar a *alteridade* de Deus em relação ao mundo, e a consequente necessidade de se servir de uma linguagem *traslada* na teologia: "Sem dúvida, é oportuno que aquilo que é bastante diverso (*longe remotum*) de todas as criaturas seja expresso através de um discurso de um gênero diverso, e que aquela majestade única não esteja limitada a uma linguagem comum e vulgar".[264] Em outra ocasião, Abelardo usa a expressão *longe diversa*[265] a propósito da natureza divina em relação àquela das criaturas. O advérbio *longe* retorna também na última obra teológica do mestre palatino: "Mas quanto mais a excelência da natureza se coloca a uma distância incomparável (*longius abscedit*) das naturezas que cria, menos seremos capazes de nelas encontrar semelhanças adequadas para caracterizá-la de forma satisfatória".[266]

Autoridade (*auctoritas*). Para Abelardo, como para toda a época medieval, representa um momento imprescindível para a busca da verdade; ao seu lado, todavia, coloca-se a *razão*, que também tem a tarefa de interpretar corretamente as diversas, e às vezes contrastantes, *auctoritates*, servindo-se das leis da lógica e substancialmente relegando a segundo plano, como última instância, o recurso a uma *auctortitas* decisiva: "Se, por acaso, apresentar-se uma controvérsia que não possa ser resolvida através de nenhum

---

264 Pedro Abelardo, Theologia "Summi boni", II.64, *cit.*, p. 135.
265 *Ibid*, III.71, p. 233.
266 Pedro Abelardo, *Theologia "Scholarium"*, II.76, *cit.*, p. 445.

dos instrumentos racionais, devem-se utilizar as autoridades, e deve ser especialmente considerada superior a afirmação da melhor autoridade".[267] Na teologia de Abelardo, ao lado das tradicionais *auctoritates* bíblicas e patrísticas, têm um papel fundamental também a *auctoritas* platônica e a aristotélica: "Depois dos testemunhos dos profetas a propósito da fé na santa trindade, consideramos oportuno propor aqueles dos filósofos, que a própria razão da filosofia conduz ao conhecimento do único Deus".[268]

Consenso (*consensus*). Para Abelardo, identifica-se com o pecado: "este consenso chamamos propriamente de pecado";[269] ele é colocado em uma zona intermediária entre as disposições inatas (os *vícios do ânimo*) e a exterioridade, e é o único aspecto verdadeiramente em poder do homem que se relaciona ao vício do ânimo, da mesma forma que o ato se relaciona à potência. Sendo fruto de uma deliberação, necessita do conhecimento e não se apresenta como simples aprovação do espírito, mas como predisposição de tudo aquilo que pode dar satisfação ao desejo. O consenso é o elemento subjetivo da decisão ética e entra frequentemente numa relação dialética problemática e geralmente não resolvida, com o elemento objetivo representado pelo desprezo a Deus definido pela violação da lei.

---

267 Pedro Abelardo, *Sic et non, Prologus, cit.*, p. 96.
268 Pedro Abelardo, *Theologia "Summi boni"*, I.30, *cit.*, p. 69.
269 Pedro Abelardo, *Ethica, cit.*, p. 34.

Equivocação (*aequivocatio*). "São chamadas de equívocas as coisas (*aequivoca*) que têm apenas o nome em comum, mas cuja razão substancial é diversa";[270] a *aequivocatio* é portanto uma característica que tange primeiramente aos nomes, e apenas secundariamente às coisas; estas últimas, de fato, não são equívocas, mas são chamadas de *equívocas* em virtude da ação *equivocante* do nome.[271]

Imagem (*imago*). O termo aparece frequentemente nas obras de teologia para indicar a relação particular que existe entre o criador e as criaturas: "ele [*sc.* Deus] é designado, de forma não imprópria, com os nomes de quase todas as coisas, porque deixou uma certa imagem de si (*aliquam sui reliquit imaginem*) em tudo o que criou".[272] Trata-se, portanto, de um *resíduo* da ação criadora na realidade criada, que, representando o fundamento de qualquer relação que se queira instaurar entre criador e criatura, leva a uma superação que, todavia, é impossível exclusivamente no plano da linguagem através das *semelhanças*.

Impositio/institution/inventio. Ato através do qual o homem escolhe um termo (*vox*) para significar alguma coisa; trata-se de um ato convencional que, todavia, nasce de uma consideração "da natureza da coisa, para cuja indicação foi imposto o nome".[273]

---

270 Pedro Abelardo, *Dialectica*, cit., p. 563.
271 *Cf.* Pedro Abelardo, Logica "Ingredientibus", Glossae super Praedicamenta Aristotelis, *cit.*, p. 119.
272 Pedro Abelardo, Theologia "Summi Boni", III.73, *cit.*, p. 235-237.
273 Pedro Abelardo, Logica "Ingredientibus", Glossae super Praedi-

A *impositivo* de um termo encontra, portanto, a própria causa eficiente na consideração da coisa, que está também na origem da *inventio*, e precede em sentido cronológico a *significatio* verdadeira e própria; a função primeira do termo não é de fato a de indicar a coisa (*nominatio*), mas o conceito.

Intenção (*intentio*). Elemento interior que indica o ânimo com que as ações são cumpridas; constitui o que é sujeito à avaliação divina que "leva em conta de fato não as coisas que se fazem, mas o ânimo com que se fazem".[274] Abelardo chega à caracterização da *inventio* a partir da análise da ação que segue o pecado sem ser pecado; a *intentio* portanto está estritamente conectada ao *consenso* a que o mestre palatino chegara a partir do *vício da alma* ou da *mala voluntas*, que precedem o pecado sem serem pecados.

Pseudodialéticos. Aqueles que abusam da *lógica* e lhe tolhem as potencialidades reais, um dos objetivos da polêmica interna às obras de teologia, nas quais entretanto Abelardo quer afirmar a necessidade de um uso consciente, eficaz e correto da lógica em relação ao discurso sobre Deus. A polêmica em relação aos *pseudodialéticos* se torna, dessa forma, paralela àquelas em relação aos que tentam vetar qualquer uso da lógica na busca teológica. O objetivo último é o de afirmar a validade/bondade de qualquer ciência enquanto derivada de Deus (e ao mesmo tempo

---

camenta Aristotelis, *cit.*, p. 112.
274 Pedro Abelardo, *Ethica, cit.*, p. 57.

possuída por Deus) e relegar a maldade ao simples abuso da ciência lógica: "eles não usam, mas abusam (*non utentes* [...] *sed abutentes*) da arte dialética".[275]

Semelhança (*similitudo*). Instrumento que a partir das coisas visíveis nos conduz, dentro do possível, àquelas invisíveis. Representa o fundamento sobre o qual se baseia o uso *traslado* da linguagem que, instituída para falar das criaturas, é, em alguns casos, aplicada à realidade divina. A *similitudo* é hierarquicamente subordinada à *imago*: "'Façamos o homem à nossa imagem e semelhança'; [...] A imagem pode ser definida clara semelhança de algo; pode-se chamar de semelhança mesmo que não expresse de forma plena aquilo de que é semelhança".[276] Apesar da subordinação, a *similitudo* se apresenta como elemento dinâmico que supera a rigidez da *imago* em um processo cognitivo que se legitima na condição de aceitar o abandono de qualquer elemento de continuidade ontológica com o divino. Na *similitudo*, portanto, não está jamais em questão a coisa (*res*) ou a *veritas*, mas apenas uma sua parcial aproximação. A busca teológica, assim, fica circunscrita ao plano da linguagem de forma a velar conteúdos demasiadamente profundos e superar, ao menos parcialmente, o bloco linguístico determinado pela *alteridade ontológica* entre Deus e as criaturas. A *similitudo* se constrói, assim, com base em uma *dissimilitudo* estrutural, "cada

---

275 Pedro Abelardo, Theologia "Summi Boni", II.4, *cit.*, p. 101.
276 Pedro Abelardo, Theologia "Scholarium", *I*.38, *cit.*, p. 333.

semelhante é necessariamente não semelhante em algo",[277] de forma que sua avaliação não pode acontecer nos termos do verdadeiro, mas do verossímil.

Significatio. No sentido próprio, significar "x" a alguém quer dizer causar um ato mental de compreensão de "x" em alguém, ou gerar nele o pensamento de "x"; em sentido mais amplo, *significatio* pode ser compreendida como qualquer situação em que um termo da linguagem ou uma proposição está para um pensamento ou uma coisa.

Traslação/metáfora (*translatio nominum*). Instrumento técnico por meio do qual os termos *instituídos* em um âmbito específico são utilizados, com base em uma *semelhança* qualquer, em um outro âmbito, diferente do primeiro. Na *Logica "Ingredientibus"*[278] o uso da *traslatio* responde a duas razões: para embelezar os discursos (*ornatos gratia*) ou por causa de uma necessidade (*necessitatis causa*); neste segundo caso, trata-se de significar uma realidade para a qual não existem nomes, é a condição da teologia em que a linguagem é estruturalmente ineficaz. Daí derivam os limites da *translatio* teológica que inevitavelmente traz consigo elementos de imprecisão, já que os termos abandonam os próprios significados para se colocarem em um âmbito constituído de outras realidades (*cf. alteridade ontológica*) em relação àquelas pelas quais foram

---
277 Pedro Abelardo, Theologia "Summi Boni", III.71, *cit.*, p. 233.
278 *Cf.* Pedro Abelardo, Logica "Ingredientibus", Glossae super Praedicamenta Aristotelis, *cit.*, p. 121.

instituídos: "qualquer termo traslado da criatura ao criador ultrapassa o próprio significado a ponto de, algumas vezes, quando falamos de Deus segundo o uso humano, o designarmos com termos cujos referentes reais lhe são absolutamente estranhos".[279] Por este motivo, toda *translatio* constitui um abuso da linguagem (*abusio locutionis*) e desemboca na *equivocação*; o discurso teológico segundo Abelardo se constitui na ultrapassagem do significado dos termos, que todavia não supre a alteridade ontológica dos objetos. A teologia que o consegue mantém um equilíbrio difícil e complicado entre abuso dos próprios instrumentos linguísticos e consciência dos próprios limites gnoseológicos.

Verossímil. Constitui o verdadeiro objetivo do questionamento teológico segundo Abelardo, e é definido pela expressão "vizinho à razão humana e não contrário à sagrada fé";[280] coloca-se em um nível intermediário entre a verdade da coisa, incompreensível para o homem, e um discurso de tipo não racional e não rigoroso, próprio, por exemplo, dos *pseudodialéticos,* acusados de utilizarem *fallaciae* sofísticas.[281] O verossímil identifica o espaço em que se move a razão humana utilizando como instrumento as corretas leis da predicação, que são as únicas que

---

279 Pedro Abelardo, Theologia "Scholarium", II.133, *cit.*, p. 475.
280 Pedro Abelardo, Theologia "Scholarium", II.18, *cit.*, p. 414; note que a expressão presente na *Theologia "Summi Boni"* é substancialmente idêntica inclusive à expressão *sacre scripture*, que substitui *sacre fidei*; *cf*. Pedro Abelardo, Theologia "Summi Boni", II.26, *cit.*, p. 114.
281 *Cf*. Pedro Abelardo, Theologia "Summi boni", II.4, *cit.*, p. 100.

podem avaliar a correção e a congruidade da linguagem quando este age fora do próprio âmbito de *instituição* e se refere à divindade. Trata-se, portanto, de uma regra que não tem precisão absoluta, mas que pretende o rigor máximo em todo discurso, como testemunha a passagem conclusiva do primeiro livro da *Ethica*. Como com outros aspectos do pensamento abelardiano, encontramo-nos frente a uma duplicidade, a autonomia da linguagem e do conhecimento humano é proporcional ao reconhecimento de sua fraqueza, estruturalmente definida pela separação entre palavras e coisas.

Vício do ânimo. É a disposição inata do ânimo a partir da qual "nos tornamos inclinados a pecar";[282] está presente independentemente de sua concretização em uma ação, e pode ser definido como a potencialidade de pecar, que é levada ao ato pelo *consenso* no momento em que este dá vida ao pecado. Abelardo parece herdar elementos da cultura latina, conhecidos por intermédio de Agostinho e Isidoro de Sevilha, como aqueles que se sintetizam na expressão ciceroniana, que se refere aos maldosos que seriam "inclinados às perturbações de ânimo (*proclives ad perturbationes*)";[283] neste sentido, o *vitium animi* seria elemento da natureza do homem. Todavia, junto a esta caracterização se apresenta uma segunda nas *Collationes*, mas também nas obras teológicas, que

---

282 Pedro Abelardo, *Ethica, cit.*, p. 34.
283 Cícero, *Tusculanae disputationes*, 4.28.

indica no vício uma *corruptio naturae*[284] e que parece ser acompanhada pela reflexão aristotélica; neste caso, o vício como *habitus* não é determinado pela natureza, trata-se de uma "qualidade não naturalmente inerente a uma coisa, mas conquistada com aplicação assídua e reflexão (*studio ac deliberatione conquisita*)".[285]

---

284 *Cf*. Pedro Abelardo, Theologia "Scholarium", I.173, *cit.*, p. 390.
285 Pedro Abelardo, *Dialogo fra un filosofo, un giudeo e un cristiano*, *cit.*, p. 191.

V. História da recensão

> *Este autor parece um pouco propenso demais a falar e a pensar de modo diverso dos outros; porque, no fundo, não se tratava de uma logomaquia: ele alterava o uso dos termos.*
> Gottfried W. Leibniz

Mesmo antes de o projeto teológico abelardiano ser completado com a redação da *Theologia "Scholarium"*, as obras do mestre palatino foram objeto de uma série de críticas que o próprio autor narra na *Historia calamitatum*. Sem dúvidas, todavia, a primeira interpretação da obra de Abelardo, de forma particular de sua teologia trinitária, remonta à carta de Guilherme de S. Thierry, com a qual ele denunciava os perigos contidos nos escritos que pôde ler. É este o ato inicial de um desencontro teológico cujos termos foram em mais de uma ocasião propostos nos séculos sucessivos, influenciando, às vezes decididamente, os estudos que foram dedicados ao pensamento do mestre palatino até o século XX.

1. A condenação

> *De fato, Pedro Abelardo repetidamente ensina coisas novas e escreve coisas novas; seus livros atravessam os mares e escalam os Alpes; as suas novas opiniões sobre a fé e as suas novas formulações se difundem nas províncias e nos reinos,*

são afirmadas com muita frequência e são defendidas sem pudores; a tal ponto que se afirma que elas têm crédito até mesmo na cúria de Roma. Quero dizer-vos que vosso silêncio é perigoso, seja para vós, seja para a Igreja de Deus[286].

Com estas palavras, perto do fim dos anos 1130, Guilherme de S. Thierry acende a polêmica contra a teologia abelardiana que encontrará a própria conclusão na condenação do Concílio de Sens de 1140. A carta do monge cisterciense, endereçada entre outros ao confrade Bernardo de Claraval, era acompanhada de um breve tratado, a *Disputatio adversus Petrum Abaelardum*, e de uma lista de treze proposições em que estavam contidos os erros mais perigosos extraídos das obras abelardianas. Já outros contemporâneos de Abelardo, no período anterior ao Concílio de Sens (por exemplo, Otto de Freising e Gualtério de Mortagne) e na mesma época de Guilherme de S. Thierry (por exemplo, o próprio Bernardo de Claraval e Tomás de Morigny), tinham expressado posicionamentos críticos em relação à teologia do mestre palatino; além das diferenças de tom entre os autores, frequentemente relevantes, as críticas podem ser reunidas em

> duas contestações que são constantes (após a condenação de Soisson) e cuja importância, na teologia cristã, é primária. Abelardo faria com que as rationes humanae *interviessem de forma*

---

286 Guilherme de S. Thierry, *Epistola ad Gaufridum Carnotensem Episcopum et Bernardum Abbatem Clarevallensem*, P.L. 182, col. 531.

> *imprudente na especulação de* sacra pagina; *seu modo de apresentar as pessoas divinas, e consequentemente suas relações, seria inexato. A estas duas críticas podemos unir uma terceira, formulada com menos frequência, mas cujo peso não é menor: a sua definição de fé seria errônea, implicaria o ceticismo, ou pelo menos não se oporia a ele.*[287]

A primeira acusação, que pode ser sintetizada com o termo *racionalismo*, refere-se à falta de limites postos à razão humana na busca teológica; a precisão lógica da argumentação abelardiana é interpretada por diversos autores como soberba em relação aos temas que a razão humana não pode compreender. A importância a respeito da suposta violação do mistério trinitário acompanha, em muitos autores, a acusação de introduzir novidades, superando os limites postos pela tradição dos Padres da Igreja; é Bernardo de Claraval, com as armas da retórica, e com lampejos de zombaria, quem exprime de forma mais eficaz estes conceitos:

> *Temos na França um novo teólogo, discípulo de um velho mestre, que desde a juventude se compraz com jogos dialéticos, e agora parece se divertir com as Sagradas Escrituras [...]. Um, que não deveria dizer senão "sou ignorante" sobre as realidades que estão ali no céu e aqui na Terra, chega agora e coloca no céu a sua boca e penetra nas*

---

287 JOLIVET, J. Sur quelques critiques de la théologie d'Abélard. *Archives d'histoire doctrinale et littéraire du Moyen Âge*. Paris, v. 30, 1963, p. 48.

> *profundezas divinas e retorna para nos dizer palavras inefáveis que ao homem não é lícito expressar [...]. Tu, entretanto, dás a nós o teu, e aquilo que de ninguém recebeste. E quem conta mentiras dá o seu. As tuas opiniões continuam apenas tuas. Eu ouço os Profetas e os Apóstolos, sigo o Evangelho, e não o Evangelho segundo Pedro. Queres talvez propor um novo Evangelho? A Igreja não pretende aceitar um quinto evangelista.*[288]

Podemos ver que as três questões a que se referia Jolivet no texto anteriormente citado estão intimamente ligadas entre si nas diversas interpretações dos adversários de Abelardo. Tanto Guilherme de S. Thierry quanto Bernardo de Claraval se opõem decididamente à caracterização da fé proposta pelo mestre palatino, que é o primeiro dos treze erros encontrados por Guilherme nos escritos abelardianos: "define a fé como avaliação (*aestimationem*) das coisas que não se veem". Nas considerações de Guilherme, isso leva a considerar a fé uma opinião em que a qualquer um seja consentido criticar e propor soluções diversas em limite algum, e Bernardo, retomando a posição do confrade, completa:

> *Que jamais, jamais a fé cristã tenha estes limites. Estas afirmações as deixemos aos Acadêmicos, cuja prerrogativa é duvidar de tudo, não saber nada [...]. Não te é lícito opinar na fé ou disputar*

---

[288] Bernardo de Claraval. Epistula CXC. Contra quaedam capitula errorum Abaelardi, ad Innocentium II. *In:* BERNARDO DI CHIARAVALLE. *Lettere contro Abelardo*, cap. 5. Pádua: Liviana, 1969, p. 95, 97, 123. Tradução italiana de A. Babolin [ligeiramente modificada].

de forma caprichosa, ou vagar cá e lá entre pareceres tolos ou entre os meandros do erro [...]. *A fé não é uma opinião, mas uma certeza.*[289]

A fé não pode de forma alguma ser colocada à baila das "pequenas razões" (*ratiunculae*) do homem, porque isto abre o caminho para a dúvida e à discussão, inclusive sobre o enunciado do dado revelado; dúvida e conhecimento não podem estar associados no campo teológico (aqui a conexão com a primeira das contestações relembradas por Jolivet). É em relação a esta raiz que se estrutura a contestação dos dois monges cistercienses, que em Bernardo chega à zombaria quando associa a discussão à loucura (*non disputante, sed dementante*, diz sobre Abelardo), ou quando transforma o título da obra do mestre palatino de *Theologia* em *Stultilogia*[290]. Das duas frentes opostas se faz referência a uma mesma *auctoritas* bíblica, em particular à definição da fé contida em Hb 11,1;[291] todavia, enquanto Abelardo dá bastante destaque ao termo *argumentum* e sua valência dialética, os dois monges cistercienses, mesmo com tons diversos,[292] preferem dar destaque ao termo *substantia* como elemento de fixidade e de certeza, ou seja, à solidez do objeto da fé. A pouca atenção à linguagem ou, melhor dizendo, a falta de compreensão do

---

289 *Ibid.*, p. 119.
290 NT: de *stolto*, em italiano: "estúpido"
291 "A fé é fundamento (*substantia*) daquilo que se espera e prova (*argumentum*) daquilo que não se vê".
292 Guilherme de S. Thierry examina com um cuidado maior, em relação a Bernardo, o termo *aestimatio* antes de refutá-lo.

nível sobre o qual devem ser colocadas as afirmações trinitárias de Abelardo, que se traduz em um mau entendimento em relação ao papel da *razão teológica*, faz com que, em relação aos aspectos mais técnicos da doutrina trinitária, Guilherme possa acusar o mestre palatino ao mesmo tempo de arianismo e sabelianismo: "Pelo que refere à destruição das pessoas, é sabeliano; pelo que refere à diferença e à variedade, caminha sobre as pegadas de Ário".[293]

Será exatamente em relação à interpretação diversa das expressões *quaedam potentia* e *nulla potentia*, em referência à *sapiência* e à *bondade*, termos que por sua vez se ligam à segunda e à terceira pessoas da Trindade, que estará um dos aspectos mais dramáticos do desencontro que opõe Abelardo a Bernardo de Claraval. O próprio mestre palatino sustentará, na própria *Apologia*, que a identificação entre Filho e *quaedam potentia* de um lado, e Espírito Santo e *nulla potentia* de outro, não apenas é afirmação herege, mas substancialmente diabólica, e pedirá que Bernardo de Claraval indique em que parte de seus escritos ela se encontra. É exatamente neste nível que se coloca, segundo Abelardo, o erro interpretativo de Bernardo e de quem compartilha de seu posicionamento; a ligação entre Filho e *sapientia* de um lado e Espírito Santo e *benignitas* de outro não autoriza que se estabeleça entre eles uma identidade lógico-conceitual, e portanto não é correto substituir os termos das

---
[293] Guilherme de S. Thierry, *Disputatio adversus Petrum Abaelardum*, P.L. 180, col. 257b.

proposições pensando-se que eles mantenham inalterado o próprio significado. De fato, frequentemente ocorre, sustenta o mestre palatino, em uma clara referência às regras metodológicas indicadas em *Sic et non*, que palavras com significado idêntico mudem seu valor quando inseridas em uma proposição. A inexperiência na arte dialética e a falta de compreensão da *vis verborum* fazem com que Bernardo veja erros e heresias ali onde não estão presentes; que o problema esteja aqui, e que se fundamente no nível da interpretação dos termos, ou melhor, na diversidade dos princípios que sustentam o processo hermenêutico, parece confirmado pelas palavras de Guilherme de S. Thierry:

> *Este modo de falar acerca de Deus, então, é governado por um tipo de disciplina particular, fundamentada em regras e sobre termos da fé, para ensinar a falar de Deus racionalmente, segundo a razão da fé, e para preparar os homens a pensar e a sentir de forma inefável sobre o inefável. E não é sem motivo que dizemos "segundo a razão da fé", porque esta forma de se expressar sobre Deus apresenta certas palavras próprias, racionais, sim, mas não inteligíveis, se não em relação à razão da fé, não de ponto de vista da inteligência humana.*[294]

A *racionalidade* diversa de dois universos destinados à incomunicabilidade se manifesta também

---
294 Guilherme de S. Thierry, Aenigma fidei, 47. *In* GUGLIELMO DI S. THIERRY. *Opere 1*. Roma: Città Nuova, 1993, p. 155. Tradução italiana de M. Spinelli.

no exame da semelhança do selo de bronze que, mesmo não estando inserida em um dos capítulos condenados, é definida pelo redator dos *Capitula haeresum Petri Abaelardi* como "uma semelhança horrenda",[295] tornando evidente como a contestação se apoia sobre a recusa, por parte dos opositores de Abelardo, da doutrina da distinção das pessoas segundo as suas *propriedades*, no temor de que esta destrua sua consubstancialidade.

O sentido complexo do desencontro que tentamos explicar não pode ser identificado de forma simplista no conflito entre novidade e tradição, ou, em termos ainda mais modernos, entre os representantes da autoridade e do autoritarismo, e o estandarte da livre busca racional e filosófica. Trata-se de dois universos culturais ricos e complexos, que se misturam sobre algumas escolhas de fundo, colocando em confronto os fundamentos das respectivas visões sobre o trabalho intelectual, a filosofia, o esforço humano na tentativa de conhecer Deus e o papel do homem na realidade criada e de sua corporeidade.[296]

---

295 Capitula haeresum Petri Abaelardi I, *in* BUYTAERT, E. M. (Ed.). *Petri Abaelardi Opera Theologica II*. Turnhout: Brepols, 1969, p. 473, C.C.C.M. 12; recusa idêntica, mesmo que menos decisiva quanto aos termos, é proposta por Bernardo de Claraval e por Guilherme de S. Thierry; é o caso de recordar que Abelardo qualifica de "eficaz semelhança derivada dos filósofos" aquela do selo de bronze.

296 Devemos lembrar que mesmo os temas éticos são objeto de debate e desencontros, ainda que permaneçam em segundo plano nas reconstruções da História, em relação às discussões trinitárias.

2. Os estudos modernos e contemporâneos

O debate inflamado e dramático que ocupou as últimas fases da vida de Abelardo também condiciona, como já vimos, os estudos sobre seu pensamento na época moderna e contemporânea, de forma que, por um longo período, a literatura crítica sobre a reflexão do mestre palatino se valeu (e frequentemente se desviou) do posicionamento de diversos estudiosos a favor ou contra sua condenação nos dois concílios.

A primeira edição impressa de algumas obras abelardianas (*Epistolae, Sermones, Commentaria in Epistolam Pauli ad Romanos* e *Theologia "Scholarium"*, então conhecida como *Introductio*) é de 1616, por Duschesne e D'Amboise. Em seu *Praefatio apologetica*, D'Amboise ressaltava que as novidades introduzidas por Abelardo na leitura da *sacra pagina* deviam ser colocadas no plano do método, e eram distintas de possíveis erros no âmbito teológico. O objetivo dos editores, de recolocar o mestre palatino entre os ortodoxos, depois de ter emendado seu pensamento sobre a suspeita de erros e de heresias,[297] não evitou, porém, que a obra fosse colocada no Índice[298].

A ambivalência de juízo, já presente nessa primeira edição, será reapresentada nas palavras da

---

297 *Cf.* F. D'Amboise, *Apologetica praefatio pro Petro Abaelardo*, P.L. 178, coll. 71-104.
298 NT: Índice dos Livros Proibidos, ou *Index Librorum Prohibitorum*, era o catálogo das obras cuja leitura era contraindicada pela Igreja.

Histoire littéraire de la France publicada em Paris pelos beneditinos da Congregação de São Mauro, em 1763: Abelardo é ao mesmo tempo pensador que se afastou da ortodoxia – dessa forma, sua condenação constitui uma boa advertência para todos – e aquele que introduz o método e a ordem na teologia. Era assim o juízo de J. Brucker, poucos anos antes, que via no mestre palatino uma das principais fontes do método escolástico que se afirmaria depois dele.[299]

Em 1836, aparece a edição de V. Cousin, que pela primeira vez contém também algumas obras de lógica, e será destinada a representar uma reviravolta na história dos estudos abelardianos, não apenas pela fama do editor, acadêmico francês, ministro da instrução pública em 1840 e protagonista da virada cultural francesa da época da Restauração, mas também porque sistematizou uma modalidade interpretativa do pensamento de Abelardo e de sua colocação no âmbito da filosofia medieval, à qual muitos se refeririam nos decênios sucessivos. Abelardo, através da "introdução da filosofia no domínio da fé",[300] ou seja, colocando a dialética como guia da teologia, repete o erro de seu mestre, Roscelino, ao tentar recordar o nominalismo com o mistério trinitário, conexão impossível segundo Cousin, porque os princípios lógicos do nominalismo são inconciliáveis com a fé cristão, que pode se fundamentar apenas sobre o *correto* realismo lógico proposto

---
299 *Cf.* J. Brucker, *Historia critica philosophiae*, vol. 3. Leipzig, 1743, p. 716-731.
300 V. Cousin, *Introduction* a *ouvrages inédits d'Abélard*. Paris, 1836, p. CLXXXIV.

por Anselmo d'Aosta e Guilherme de Champeaux. A heterodoxia abelardiana, que, mesmo idêntica nos fundamentos, colocava-se teologicamente em oposição àquela de Roscelino – este último sacrificava, de fato, a unidade de Deus à trindade das pessoas, enquanto Abelardo fazia com que a unidade prevalecesse sobre estas últimas –, não deveria, porém, segundo Cousin, impedir que os elementos positivos da reflexão abelardiana fossem identificados. O *gênio revolucionário e cartesiano* do mestre palatino, uma vez depurado a partir de sua vontade de explicar racionalmente os dogmas da fé, havia produzido uma renovação nos estudos teológicos, inaugurando "o método universal da teologia escolástica",[301] que será sistematizado nas *Sentenze* de Pedro Lombardo – não por acaso, relembra Cousin, aluno direto de Abelardo –, as quais encontram um antecedente próprio no *Sic et non*.

Referindo-se ao esquema interpretativo de Cousin, que se fundamenta, portanto, na distinção entre método e conteúdo da reflexão teológica abelardiana, os críticos da segunda metade do Oitocentos tomarão posições particulares em relação ao *conflito* entre fé e razão. Alguns acusarão Abelardo de racionalismo. É o caso do abade Vacandart que, radicalizando e distanciando-se da posição de Cousin, sustenta que a heresia abelardiana (Vacandart compartilha da acusação de sabelianismo) não é fruto envenenado pelo nominalismo, mesmo em presença de um método aceitável, mas que deriva exatamente deste método e da

---
301 *Ibid.*, p. CC.

confusão, sobre o qual este se fundamenta, "entre o objeto da teologia e o objeto da filosofia pura".[302] Outros transformarão o mestre palatino em um *mártir do livre pensamento*, como J. Barni, que associa Abelardo a Sócrates e a outros pensadores oprimidos por diversas autoridades e tiranias. O projeto abelardiano de "reformar o ensino da teologia através da introdução da dialética",[303] inicialmente derrotado pelo *obscurantismo* da igreja medieval, sobreviveu ao próprio autor, constituindo o fundamento sobre o qual se construíram a Reforma e, sucessivamente a filosofia moderna. Barni, que tinha sido secretário de Cousin, retoma a caracterização de Abelardo como *gênio revolucionário e cartesiano*, ressaltando sua absoluta positividade e abandonando os aspectos negativos que tinham sido vinculados a esta. O caráter anti-histórico e deformado[304] desta representação da figura do mestre palatino é capaz de nos fornecer mais informações sobre o autor – Barni, politicamente comprometido, no sentido republicano, com a França do Segundo Império, também foi vice-presidente da *Société démocratique des libres penseurs* –, informações

---

302 E. Vacandard, *Abélard. Sa lute avec saint Bernard. Sa doctrine, sa method*. Paris, 1881, p. 429.
303 J. Barni, *Les martyrs de la libre pensée*, Paris, 1880, p. 82.
304 *Cf.* CROCCO, A. *Antitradizione e metodologia filosofica in Abelardo*. Nápoles: Edizioni Empireo, 1971, p. 59: "Esta imagem de Abelardo, racionalista e 'livre pensador', foi cara sobretudo à velha historiografia da idade romântica, a qual não soube se afastar da fácil sugestão de descobrir nele um 'mártir do livre pensamento', em luta contra o fideísmo e o obscurantismo de S. Bernardo para afirmar os soberanos direitos da razão. Mas trata-se, como já foi dito tantas vezes, de uma imagem absolutamente deformada e anti-histórica, como arbitrária e anti-histórica é toda junção entre o 'racionalismo' medieval e o moderno".

essas que nos são úteis para delinear as batalhas culturais em curso no século XII da Europa.

O esquema interpretativo de Cousin está também na base dos estudos de C. de Rémusat e L. Tosti. Segundo o primeiro, que se distancia do conteúdo do estudo de Cousin, a teologia abelardiana não se compromete pelo nominalismo nem se interessa pelas consequências da disputa sobre os universais; o pensamento do mestre palatino, *cristão de coração e ortodoxo de intenção*, sofre entretanto as *consequências funestas* de sua vontade de inovar; "ele constantemente se vangloriou de pensar sem mestres, ou de querer trocar de mestres ao espírito humano, pretensão de maus augúrios e consequências funestas".[305]

Portanto, segundo De Rémusat, seria condenável, mais que a obra de Abelardo, o seu mau exemplo. L. Tosti também desenvolve a sua interpretação movendo-se entre a avaliação positiva da reflexão do mestre palatino, que teve o mérito de acordar o pensamento humano, fazendo-o sair do sono da razão e assim abrindo-lhe os caminhos para desenvolvimentos futuros, e as consequências negativas de seu *racionalismo*. Abelardo, escolhendo a via da dúvida, traduzida por Tosti como *raciocinar para crer*, encontra-se frente à mesma alternativa de Roscelino, gerada pelo mesmo *germe nominalista*, operando uma escolha oposta, mas no fundo um reflexo daquela de seu mestre. A dependência de Tosti da impostação de Cousin, como a de De Rémusat, fica evidente; a ela,

---
305 C. De Rémusat, *Abélard*. Paris, 1945, p. 298.

no escrito do abade italiano,[306] junta-se uma precisa colocação da busca abelardiana no interior de um desenvolvimento *necessário* do método teológico que vê o próprio cumprimento *natural* na teologia de Tomás de Aquino, cujo nascimento não teria sido possível sem a presença de Abelardo e Pedro Lombardo. É exatamente avaliando toda a história da teologia medieval em relação ao seu pretenso cumprimento em Tomás que Tosti pode afirmar:

> A obra de Aquino tem em si a razão de Abelardo e o dogmatismo de Pedro Lombardo; as suas páginas carregam o antinômio do Sic et non e a tranquilidade do Libro dela Sentenze [...]. S. Anselmo civilizou a razão humana; Abelardo lhe conferiu a coragem; S. Tomás a tornou filha de Deus, com dogmatismo racional de sua obra.[307]

Na mesma época da segunda metade do século XIX, em que a avaliação do pensamento teológico abelardiano se apoiava mais nas considerações relativas ao caráter do mestre palatino (Tosti define Abelardo como *guerreiro de aventura*), ou sobre necessidades, digamos, *ideológicas*, relativas ao conflito razão *versus* fé — tendo assim uma imensa dificuldade para fornecer um exame minucioso, preciso e documentado, do pensamento do autor —, ainda mais grave foi a compreensão de sua obra lógica.

---

306 Tosti foi por muito tempo abade em Montecassino.
307 L. Tosti, *Storia di Abelardo e dei suoi tempi*. Stabilimento tipografico del poliorama pittoresco, Nápoles, 1851, p. 17-18.

O que abriu este caminho foi o estudo que C. von Prantl dedicou à história da lógica no Ocidente, no qual o autor formula um juízo totalmente negativo sobre a contribuição da época medieval ao desenvolvimento da lógica. Ele de fato segue um caminho que, ligando-se a Kant, tende a mostrar que a lógica formal não tem história; neste quadro, tudo o que vem depois de Aristóteles é interpretado em termos de corrupção e deformação, e isto serve para a lógica megárico-histórica e para a medieval. Com esta visão, o estudioso alemão julga nulos os progressos realizados pela reflexão de Abelardo, cuja lógica não teria caráter científico mas principalmente retórico,[308] sendo guiada por um interesse de tipo prático para o discurso.

Com o início do século XX, a situação dos estudos abelardianos muda apenas parcialmente; no que se refere a seu pensamento teológico, não se modifica a impostação do fundo, que remonta ao texto de Cousin. Assim Kaiser, mesmo usando de forma mais rigorosa as fontes através de um frequente recurso às citações diretas das obras do mestre palatino, julga a reflexão abelardiana não *racionalista* nos princípios que são, porém, traídos no momento de sua aplicação às temáticas teológicas, de forma que a condenação não seria fruto de uma aplicação dos próprios princípios, mas de um abandono substancial deles.[309]

---
308 *Cf.* C. von Prantl, *Geschichte der Logik im Abendlande*. Leipzig, 1861. *Età medievale: Dal secolo VII al secolo XII*. Florença: La Nuova Italia, 1937, p. 304-308. Tradução italiana de de L. Limentani.
309 *Cf.* E. Kaiser, *Pierre Abélard critique*. Fribourg, 1901, p. 100.

Evidentemente, voltam a se misturar à análise científica do pensamento abelardiano juízos sobre caráter e personalidade, como no caso de Grabmann, que abre o longo capítulo dedicado a Abelardo na *Storia del método scolastico* com uma reconstrução de sua personalidade, com a intenção de jogar luz, ao lado dos "grandes dotes dialéticos [...] [sobre] as fraquezas do caráter":[310]

> *um pensador genial, cheio de espírito e de fantasia, agudo e eloquente, cuja vida espiritual, porém, e cujo trabalho científico são privados frequentemente de homogeneidade, de serenidade e de coerência, seja pela fraqueza de seu caráter, seja pelas desordens de uma vida exterior que em boa parte foi rica, por causa dele mesmo, de travessias romanticamente trágicas.*[311]

Também para Grabmann, Abelardo foge à acusação de *racionalismo* quanto aos princípios inspiradores de sua busca teológica, mas

> *no plano prático, na efetiva aplicação da ratio, da filosofia, a questões teológicas, superou os limites impostos da doutrina eclesiástica, provocando assim a condenação de várias proposições suas.*[312]

Portanto, ele é portador de uma confusão dos limites entre fé e ciência, que o conduz a reavaliar

---

310 GRABMANN, M. *Die Geschichte der scholastischen Methode.* Freiburg, 1909-1911. *Storia del metodo scolastico, vol. II.* Florença: La Nuova Italia, 1980, p. 209.
311 *Ibid.*, p. 214.
312 *Ibid.*, p. 236.

de forma exagerada o pensamento dos filósofos antigos. No mesmo caminho segue Portalié que, no vocábulo "Abélard" do *Dictionnaire de théologie catolique*, absolve o mestre palatino da acusação de ser um livre pensador, mas condena seu excessivo *racionalismo* que, se não censurado, teria aberto as portas do cristianismo ao pensamento pagão.[313]

Em relação à reflexão lógica, a reviravolta decisiva se coloca um pouco antes dos anos 1920, quando Geyer inicia a publicação da *Logica "Ingredientibus"* e, sucessivamente, da *Logica "Nostrorum petitioni sociorum"*, abrindo caminho para uma avaliação mais pensada e atenta sobre a contribuição abelardiana ao desenvolvimento da lógica. Fruto deste novo e mais aprofundado conhecimento das obras lógicas é certamente o vocábulo "Nominalisme", redigido em 1933 por Vignaux para o *Dictionnaire de théologie catholique*, que, estruturado em torno ao confronto entre a posição abelardiana e aquela de Guilherme de Ockham, articula historicamente o conceito de nominalismo, concluindo que Abelardo se aproximou dele em muitos pontos.[314] Nos anos seguintes, muitos estudiosos se referirão à pesquisa de Vignaux, entre estes Gilson que, após ressaltar que "a parte mais importante da obra filosófica de Abelardo nasceu de sua atividade de professor de lógica",[315] reconstrói

---

313 *Cf.* E. Portalié, Abélard, *in Dictionnaire de théologie catholique*, vol. I, Paris, 1909, coll. 41-42.
314 *Cf.* P. Vignaux, Nominalisme, *in Dictionnaire de théologie catholique*, vol. I, Paris, 1933, col. 784.
315 GILSON, E. La philosophie au Moyen Âge. Paris: Payot, 1952.

de forma extremamente detalhada a solução abelardiana para o problema dos universais. Retomando o juízo de De Rémusat, Gilson ressalta o espírito inovador do mestre palatino em cada âmbito do saber, dedicando as últimas páginas do capítulo sobre Abelardo de *La filosofia nel medioevo* à reconstrução do pensamento ético e da moral da intenção. A avaliação total do historiador francês é certamente positiva:[316]

> *A influência de Abelardo foi imensa. Não se pode dizer que as qualidades mais eminentes de um homem sejam a única causa dos efeitos em que elas sobrevivem após sua morte, mas é certo pelo menos dizer que o fim do século XII lhe deve o gosto do rigor técnico e da explicação exauriente; também na teologia, que encontrará sua completa expressão na síntese doutrinal do século XIII, Abelardo impôs um standard intelectual para sob o qual, enfim, não se aceitará jamais voltar.*[317]

La filosofia nel medioevo. Dalle origini patristiche alla fine del XIV secolo. Florença: La Nuova Italia, 1973, p. 340. Tradução italiana de M. A. del Torre.
316 É útil recordar que apenas poucas palavras são dedicadas à teologia e que Gilson não parece se separar da ambivalência que caracterizou os estudos de Cousin em diante; *cf.* E. Gilson, *La philosophie au Moyen Âge*, tradução italiana, *cit.*, p. 339: "É inexato também sustentar que Abelardo tenha pretendido substituir a razão à autoridade em matéria de teologia. Sem dúvida os teólogos, únicos competentes à ocorrência, estão de acordo com São Bernardo ao dizer que Abelardo errou esforçando-se em interpretar racionalmente os dogmas, especialmente o da Trindade. Mas se, infelizmente, às vezes ele confundiu filosofia e teologia, sempre manteve firme o princípio de que a autoridade vem antes da razão, que a dialética tem como utilidade fundamental o esclarecimento das verdades da fé e a refutação dos infiéis, e que, enfim, a salvação da alma nos vem através das Santas Escrituras e não dos livros dos filósofos".
317 E. Gilson, *La philosophie au Moyen Âge*, tradução italiana, *cit.*, p. 354.

Quando, nos anos 1940, é publicada a obra de Gilson, os estudos sobre a teologia abelardiana também começavam a se libertar da impostação *ideológica* do século XIX, para caminhar em direção a uma análise mais atenta e articulada das obras e de sua evolução. Deste ponto de vista, a reviravolta certamente foi representada por um amplo estudo de Cottiaux publicado em 1932 na *Revue d'histoire ecclésiastique*, que inaugura um novo modelo interpretativo da teologia abelardiana substancialmente compartilhado pelos estudiosos mais importantes nas décadas seguintes. A reflexão teológica de Abelardo tem características dialéticas que guiam a sua finalidade principal a ser buscada não tanto na análise do dado revelado, mas na investigação lógica sobre os enunciados e sobre os termos com que este dado é formulado: "Ele reconduz a *intelligentia fidei* às dimensões de um conhecimento indireto do objeto da fé ou de uma compreensão do sentido gramatical dos enunciados da revelação".[318]

Esta mudança de impostação e de óptica permite que Cottiaux supere a contradição entre princípios e método, e explique as acusações e a sucessiva condenação do mestre palatino pela incapacidade de seus adversários de manter unidos os elementos próprios de sua busca teológica: *ratio*, *auctoritas* e *fides*. Cottiaux vie uma evolução substancial na reflexão trinitária de Abelardo, juízo não compartilhado por

---

318 COTTIAUX, J. La conception de la théologie chez Abélard. *Revue d'histoire ecclésiastique*, Louvain, v. 28, 1932, p. 548-549.

uma parte dos estudiosos sucessivos, o que conduz a última obra, a *Theologia "Scholarium"*, a romper o *sapiente equilíbrio* alcançado anteriormente em nome de um maior *racionalismo*.

No mesmo período do estudo de Cottiaux é publicada uma ampla monografia escrita em italiano por C. Ottaviano, que, todavia, retoma as modalidades interpretativas próprias do século XIX, evidentes já no objetivo a que o autor se propõe: "é-me premente demonstrar o verdadeiro pensamento de Abelardo e esclarecer segundo a verdade das coisas em que ele é ortodoxo e no que é menos".[319] A resposta de Ottaviano é positiva tanto no plano metodológico quanto no plano doutrinal; a ortodoxia do mestre palatino não pode ser colocada em discussão, e portanto chegou o momento de reabilitar sua figura. Todavia, quase na conclusão do estudo, referindo-se explicitamente à tese de Portalié, o autor repropõe a ambivalência de juízo que havia caracterizado quase totalmente a crítica oitocentista:

> *A condenação de Abelardo, como justamente nota Portalié, era mais do que necessária, tanto porque as novidades formais instauradas pelo palatino se prestavam às piores heresias, quanto porque a sua escola não hesitava em virar do avesso os dogmas centrais da fé.*[320]

---

319 C. Ottaviano, *Pietro Abelardo. La vita, le opere, il pensiero.* Roma, 1931, p. 210.
320 *Ibid.*, p. 246.

É no segundo pós-guerra que o estudo do pensamento de Abelardo decididamente toma o caminho da análise atenta e acurada, sem se distrair com preocupações relativas à ortodoxia das reflexões do mestre palatino; neste cenário, a atenção se dirige com maior força para as reflexões lógicas, enquanto um espaço sempre mais amplo é dedicado também às temáticas éticas, sem deixar de lado as obras dedicadas à teologia. O que caracteriza os estudos nesta fase é a tentativa de construir uma imagem unitária da reflexão abelardiana, e ao mesmo tempo é forte a influência do estudo de Cottiaux no que tange às buscas sobre a teologia. Assim, De Ghellinck fala explicitamente de *concessão dialética da teologia*, que conduz o mestre palatino:

> em direção a uma discussão sobre o enunciado do dogma, mais que sobre o dogma em si, e quando mais tarde faz considerações sobre o conteúdo real, não se trata de um conhecimento intrínseco do mistério, mas apenas de uma aplicação das regras da dialética para fundamentar corretamente as analogias e a coerência dos enunciados.[321]

De Ghellinck, retomando, mesmo que parcialmente, uma sugestão da crítica do Oitocentos, distingue a derrota pessoal de Abelardo, testemunhada pela dupla condenação de 1121 e de 1140, e a vitória de seu método, atestada pelas consequências positivas na escolástica do século XIII.

---
321 J. De Ghellinck, *Le mouvement théologique du XIIe siècle*. Bruges; Bruxelas; Paris, 1948, p. 173.

O maior interesse pelas buscas lógicas do mestre palatino se confirma na edição crítica de algumas de suas obras. Em 1954, M. Dal Pra edita alguns escritos lógicos,[322] e dois anos depois L. M. de Rijk publica a *Dialectica*, colocando assim o último tijolo para a totalidade do *corpus* das obras lógicas abelardianas, neste ponto disponíveis para um estudo mais amplo e articulado. Em 1964, sai o estudo de Mariateresa Fumagalli Brocchieri, que por um lado se apresenta como reconstrução da completa teoria lógica, e de outro lado não deixa de sublinhar algumas ambiguidades da reflexão do mestre palatino, devidas tanto à presença de implicações psicológicas internas à teoria da *significatio* quanto à permanência do "peso da perspectiva metafísica na solução abelardiana"[323] do problema dos universais.

Em 1969, é publicado um amplo estudo de J. Jolivet que, já no título, *Arts du langage et théologie chez Abelard*, deixa evidente a vontade do estudioso de juntar, em uma avaliação unitária, o pensamento de Abelardo a partir da aplicação das artes da linguagem à *sacra pagina* compreendida, segundo as sugestões de Cottiaux, não como construção de um saber, mas como compreensão dos termos e das proposições utilizadas nas afirmações da *auctoritas*. O conteúdo do dogma, entretanto, permanece intacto, já que o

---

322 Editio super Porphyrium, Glossae in Categorias, Editio super Aristotelem De interpretatione, De divisionibus, *in Pietro Abelardo, Scritti di logica*. DAL PRA, M. (Ed.). Pubblicazioni dell'Istituto di storia della filosofia dell'Università degli studi di Milano, vol. 3. Florença: La Nuova Italia, 1969.
323 BROCCHIERI, Mariateresa Fumagalli Beonio. La logica di Abelardo. Florença: La Nuova Italia, 1964 (1969), p. 76.

objetivo da busca abelardiana é aquele de mostrar o caráter não contraditório dos enunciados que o exprimem no plano estritamente lógico, ao mesmo tempo reafirmando a incapacidade e a insuficiência da linguagem humana para exprimir a própria coisa, e a consequente necessidade de a teologia construir uma linguagem própria baseada na *translatio*. Neste plano se coloca, segundo Jolivet, a intenção desreificante, fundamento unitário do projeto filosófico abelardiano, que age em todos os níveis:

> *o desejo de liberar a especulação das coisas ilusórias, de tudo o que pretende abusivamente ter a realidade das coisas. Cada vez que Abelardo pode resolver uma dificuldade, construir uma teoria sem recorrer à categoria da coisa, ele se move nesta direção, pondo em discussão as pretensões realistas que refuta.*[324]

Esta visão, que Jolivet manteve intacta nos numerosos estudos dedicados ao mestre palatino, já havia sido antecipada em um artigo, de alguns anos antes da obra citada, em que o estudioso francês, analisando, entre outras, as críticas de Guilherme de S. Thierry, evidenciara como o sentido do desencontro devia ser buscado na incompreensão de Guilherme, que colocava as semelhanças abelardianas no plano da física ou da ontologia, e não no único plano correto em que elas se situam, ou seja, o da lógica.[325]

---
324 JOLIVET, J. *Arts du langage et théologie chez Abélard*. Paris: Vrin, 1969, p. 357.
325 JOLIVET, J. Sur quelques critiques de la théologie d'Abélard. *Archives d'histoire doctrinale et littéraire du Moyen Âge*, Paris, v. 30, 1963, p. 31.

Nas últimas décadas do Novecentos e nos primeiros anos do século XXI, as buscas sobre o pensamento abelardiano se estenderam a todos os aspectos da reflexão do mestre palatino, o que de um lado favoreceu um conhecimento mais profundo de aspectos até aquele momento deixados à sombra, e tornou possível evitar a concentração quase exclusiva no tema do relacionamento razão *versus* fé, com todos os preconceitos que isto levava consigo. De outro lado, todavia, tornou mais difícil o aparecimento de cenários completos do pensamento de Abelardo. Eu me limito, ao fim desta breve reconstrução, a ressaltar duas coisas.

Em 1997, J. Marenbon publica um amplo estudo com o título de *The Philosophy of Peter Abelard*, cujo objetivo de fundo é o de contribuir a modificar a imagem de Abelardo como pensador quase exclusivamente crítico, fruto da forte ênfase posta sobre este aspecto pelo estudo de Cousin, para reavaliar os aspectos construtivos da reflexão do mestre palatino. Neste cenário, o estudioso inglês analisa os dois momentos da *carreira* de Abelardo: a fase lógica, reconstruindo também o contexto ontológico herdado pelo conhecimento dos trabalhos de Aristóteles, Porfírio e Boécio, e a fase ética, reconstruída em um quadro mais amplo da reflexão teológica abelardiana. Neste plano, emerge o caráter construtivo e sistemático da reflexão de Abelardo, atestado pela coerência entre seu pensamento ético e sua reflexão teológica, ambos enquadráveis naquilo que Marenbon define como *projeto teológico abelardiano*, que, a partir dos contrastes com Anselmo de Laon, "de uma forma ou de outra, sempre dominou a sua vida intelectual e seus escritos".[326] Desta forma, Marenbon parece tomar distância da tese de Cottiaux, de uma constante evolução da reflexão abelardiana, para privilegiar uma imagem caracterizada por algumas rupturas significativas não apenas na biografia do mestre palatino mas também no desenvolvimento de seu pensamento.

Em 2005, C. Mews publica, na coletânea *Great medieval thinkers* da Oxford University Press, um texto com o título *Abelard and Heloise*, que já no título deixa subentender como o pensamento do mestre palatino não pode ser adequadamente compreendido sem a referência não apenas à sua vida pessoal, mas também ao papel que a reflexão de Heloísa tem para sua evolução. Mews, já nos estudos publicados nos últimos vinte anos do século XX, havia demonstrado compartilhar substancialmente da visão de Cottiaux de uma constate evolução da reflexão teológica de Abelardo, que encontra o próprio cume na *Theologia "Scholarium"*, cujo objetivo é representado pela necessidade de estruturar uma analogia que permita ao homem, incapaz de conhecer a essência da Trindade, compreender a ação no mundo, que se exprime através das diversas propriedades. Reforçando a tese da continuidade e da evolução do pensamento abelardiano, na obra de 2005 Mews sustenta que

---

326 MARENBON, J. *The Philosophy of Peter Abelard*. Cambridge: Cambridge University Press, 1997, p. 54.

ele "não pode ser completamente compreendido fora da influência de Heloísa";[327] assim, o interesse pelas questões ético-teológicas não representa uma ruptura em relação aos precedentes trabalhos sobre linguagem e sobre o significado dos termos, mas um desenvolvimento natural solicitado pela troca epistolar com Heloísa. Particularmente, no que tange à reflexão ética, que está alcançando uma importância cada vez maior na reconstrução do pensamento abelardiano, a ênfase colocada na *intentio* como medida do pecado derivaria não apenas das questões colocadas por Heloísa, mas de sua própria inspiração. Para tornar claro o contexto em que colocar a tomada de posição de Mews, deve ser dito que, como fundamento de sua interpretação segundo a relação intelectual de Heloísa e Abelardo, está a convicção da autenticidade não apenas das cartas que constituem o epistolário *tradicional*, mas também das *Epistolae duorum amantium* publicadas recentemente.[328]

3. Problemas abertos: uma linha de pesquisa no sistema abelardiano

Ao fim deste breve *excursus* é possível assinalar dois entre muitos problemas que permanecem abertos

---
327 MEWS, C. J. *Abelard and Heloise*. Oxford: Oxford University Press, 2005, p. 5.
328 *Cf.* MEWS, C. J. *The lost love letters of Heloise and Abelard. Perceptions of dialogue in twelfth-century France*. Nova Iorque: Palgrave, 1999. O debate sobre a autenticidade deste *epistolário* ainda está aberto. Estudiosos do pensamento abelardiano se contrapõem a respeito da questão.

frente à crítica do pensamento abelardiano, ou talvez fosse melhor falar de uma fragilidade interna à reflexão do mestre palatino.

3.1. Ética e teologia: a fragilidade da intenção desreificante

O ponto de partida é constituído pela constatação da forte unidade da reflexão de Abelardo[329], que acontece acerca daquela que Jolivet definiu de *intenção desreificante*.[330] Sem dúvidas, tal elemento teve sua gênese na reflexão lógica do mestre palatino e encontra sua verificação mais significativa na solução abelardiana do problema dos universais; todavia, na passagem do âmbito lógico de origem aos outros níveis da reflexão, sofre modificações e hesitações que em parte já estavam em evidência, mas que ficam evidentíssimas quando se considera o problema sob o perfil da relação entre ética e teologia. Para evidenciar em que sentido é possível falar da fragilidade da reflexão do mestre palatino, é útil partir de uma citação que se encontra quase idêntica nas obras de teologia e ao fim do primeiro livro da *Ethica*:

> *Declaramos, portanto, que tudo aquilo que exporemos a propósito desta altíssima filosofia não é verdade, mas sombra da verdade, não é a*

---
329 *Cf.* BROCCHIERI, Mariateresa Fumagalli Beonio. Sull'unità dell'opera abelardiana. *Rivista critica di storia della filosofia*, Florença, v. 34, 1979, p. 429-438.
330 *Cf.* JOLIVET, J. *Arts du langage et théologie chez Abelard*. Paris: Vrin, 1969, p. 357.

> *coisa, mas uma certa semelhança à coisa. Apenas
> Deus conhece o que é verdadeiro; eu devo dizer
> o que é verossímil e em grau máximo confor-
> me às razões filosóficas por meio das quais
> somos atacados.*[331]

Em todas as citações é evidente uma contraposição entre um nível objetivo, representado na *Ethica* pela *diffinitio veritatis* e na teologia pela *veritas*, e um nível subjetivo, a *opinio mea* da *Ethica* e a *umbra* ou *similitudo veritatis* das obras de teologia, vale dizer, a área do verossímil. Entre os dois elementos está presente uma dialética que, derivada das obras de lógica na qual servia para depurar a discussão sobre a linguagem de qualquer referência às coisas reais,[332] transmite-se primeiramente à teologia, na qual é funcional para delimitar o espaço de trabalho do teólogo que, mesmo devendo dar conta do dado representado pelo que os homens encontram escrito na Sagrada Escritura e que se torna conhecido através da fé, apresenta-se como simples discussão em nossa linguagem no momento em que se coloca em relação com a realidade divina que permanece todavia incognoscível. Como consequência, as regras da teologia, uma vez delimitado o seu campo de ação, são totalmente consignadas à razão humana, ou melhor, à razão lógica, que define a correção da argumentação com base no que o

---

331 Pedro Abelardo, *Theologia "Summi boni"*, II.27, *cit.*, p. 115; *cf.* Pedro Abelardo, *Theologia "Scholarium"*, II.18, *cit.*, p. 414; e Pedro Abelardo, *Ethica*, *cit.*, p. 148.
332 Também no plano lógico, permanecem elementos de incerteza; *cf.* a este propósito as considerações de Mariateresa Fumagalli Beonio Brocchieri referidas na página 60 deste texto.

mestre palatino havia determinado nas obras lógicas. No nível da teologia, portanto, poderia se afirmar que, enquanto a Sagrada Escritura representa o *limite substancial* do discurso humano sobre Deus, as regras da lógica constituem seu *limite formal*; elemento objetivo e elemento subjetivo, dessa forma, ficam claramente distintos sem que haja uma confusão entre os dois níveis. A contraprova é constituída pela definição da fé como *aestimatio*,[333] que se põe por inteiro no nível subjetivo da questão. O enunciado de fé de fato se coloca no plano do raciocínio persuasivo, como algo que se impõe não por força da verdade (*elemento objetivo*), mas pela intermediação da linguagem (*elemento subjetivo*). No plano teológico, portanto, a *intenção desreificante*, separando claramente os dois níveis e transmutando-os em um duplo limite, estrutura uma zona intermediária em que se desenvolve por inteiro a obra do teólogo: a zona do verossímil e da *opinio*. Determinante para tornar esta distinção convincente é o fato de que as regras do elemento subjetivo, ao menos do ponto de vista formal, recaiam totalmente do lado do elemento; vale dizer que há uma normatividade interna à estrutura da própria linguagem que intervém para limitar-lhe, ou melhor, codificar-lhe, o uso.

A manutenção do caráter unitário do projeto filosófico abelardiano seria confirmada quando fosse possível reproduzir o esquema de raciocínio agora

---

[333] Vimos anteriormente o quanto isto pesou no desencontro entre o mestre palatino e seus adversários.

evidenciado também no plano da pesquisa ética. É evidente que neste âmbito o *elemento subjetivo* é representado pela intenção que, recordemos, é chamada de boa ou reta por si mesma e não em virtude de outro;[334] todavia Abelardo, ao colocar em relação a intenção com o *elemento objetivo* representado pelas normas, afirma:

> Por isso, a intenção não deve ser chamada de boa porque parece boa, mas porque é realmente boa assim como se acredita ser (sicut existimatur), ou seja, no caso em que, crendo que aquilo a que ela tende agrade a Deus, não esteja de fato enganada em sua convicção (existimatione).[335]

Neste caso, parece-se estar frente ao colapso dos dois limites mostrados anteriormente (*limite substancial* e *limite formal*), o que conduz à sua coincidência. Isto não é tão determinado pelo fato de que haja um *elemento objetivo* (a norma divina que traduz toda ação eticamente relevante em um desprezo ou um prazer em relação a Deus) que avalie a congruência e em substância a bondade da ação; com as devidas proporções, tal elemento objetivo existe também em nível teológico e é representado pela Sagrada Escritura em relação à qual qualquer afirmação deve ser "não contrária". A coincidência entre *limite formal* e *limite substancial* tem efeitos devastadores pelo fato de que este *elemento objetivo* constitui a única medida

---
334 *Cf.* Pedro Abelardo, *Ethica, cit.*, p. 86.
335 *Ibid.*, p. 88.

de congruência da intenção: a intenção, de fato, não pode ser reta a não ser em consenso com ele; faltam portanto critérios autônomos para avaliar a retidão da intenção (algo que equivalha às regras de linguagem para o nível teológico), desaparece então o *nível formal* e, dessa forma, o papel do *elemento subjetivo* é fortemente redimensionado. Se é assim, estamos frente a uma fratura substancial no projeto unitário da reflexão teológica abelardiana: introduzir a normatividade divina como elemento forte da reflexão ética impediu a congruência estrutural da *Ethica* no momento em que ela queria se construir em torno à centralidade da intenção e, ao mesmo tempo, não deixou que Abelardo construísse aquela zona intermediária entre *limite substancial* e *limite formal*, como havia acontecido na teologia. No plano teológico, esta zona intermediária foi fundada de forma convincente na medida em que qualquer intervenção humana neste âmbito não modificava as *coisas* (Deus, recordemos, é *longe remotus* e portanto não pode ser alterado pelas afirmações humanas que se mantêm no nível da linguagem). Não ocorre isto na *Ethica*, em que a pretensão de refletir apenas sobre a forma da escolha e do comportamento humano, e assim tornar autônomo o nível da intenção e do consenso, desencontra-se da impostação teológica da pesquisa ética abelardiana, que traduz as *coisas* nas normas aceitadas por fé e fundamentadas na vontade divina, fazendo desabar o *projeto desreificante* que sustenta toda a pesquisa abelardiana. De fato, a escolha inevitavelmente está entre uma moral fundamentada em normas ou uma moral fundamenta na intenção: em ambos os casos, a prevalência de uma das duas erode o espaço da outra; a possibilidade de recompor os dois elementos no interior do sujeito diminui a distância entre *nível objetivo* e *nível subjetivo* e causa o desaparecimento daquele espaço intermediário em que se colocava o trabalho do teólogo. Tudo isto fica evidente quando o mestre palatino tem de decidir se é possível falar de pecado para os perseguidores de Cristo e dos primeiros mártires cristãos,[336] chegando a uma solução "rigorosa",[337] mas não por isto menos desconcertante se pensada sob a óptica de uma ética da intenção. É exatamente esta fraqueza do sistema filosófico abelardiano o que pode estar na origem da falta de completamento da *Ethica*. Assim, o segundo livro da obra pode não ter sido perdido, mas sim jamais escrito por causa da impossibilidade de proceder de forma estruturalmente coerente com o livro anterior.[338]

---

336 *Cf*. Pedro Abelardo, *Ethica*, *cit.*, p. 108-116 e p. 69-70 do presente estudo.
337 M. Dal Pra, nota 162 *in* Pedro Abelardo, *Conosci te stesso o Etica*, *cit.*, p. 68.
338 Uma hipótese sobre isso foi apresentada de forma provocadora por M. Parodi, que lê a *Ethica* abelardiana como momento de crise do *paradigma agostiniano*; *cf*. M. Parodi, Abelardo e la "disumanità" della virtù. Un aspetto della crisi dell'agostinismo nel XII secolo, *in* BALLO, E.; FRANCHELLA, M. *Logic and philosophy in Italy. Some trends and perspectives. Essays in honor of Corrado Mangione on his 75th birthday*. Monza: Polimetrica, 2006, p. 253-263.

3.2. O problema Heloísa: o Diabo e Judas

Retomando, mas apenas como trampolim, as indicações fornecidas por Mews em seu último ensaio[339] sobre o papel do pensamento de Heloísa na estruturação do sistema abelardiano, creio ser possível afirmar que, em suas cartas (refiro-me apenas ao *Epistolário* definitivamente reconhecido como autêntico), Heloísa assinala as aporias agora relembradas do *sistema abelardiano* evidenciando, talvez inconscientemente, sua crise. Em jogo está, mais uma vez, a *intenção desreificante* que, de forma particular na teologia, permitiu estruturar uma lógica que se poderia definir como *trivalente*: há o verdadeiro, o que é conhecido apenas por Deus, o falso, o que não pode ser afirmado sob pena de cair na heresia, e o verossímil, aquela sombra da verdade que responde à lógica própria da linguagem humana.

É possível identificar algo de similar nas palavras de Heloísa; nas suas cartas também encontramos expressa uma *lógica trivalente*: o corpo, ou melhor, a corporeidade, aquela do antigo amor, as paixões que ainda a arrebatam, em imagem, também no curso da celebração litúrgica; analogamente ao discurso teológico abelardiano anteriormente relembrado, se poderia dizer: aquilo a que não se pode chegar, ou melhor, a que não se pode retornar. Há então a ausência do corpo, a castidade, que no fundo Heloísa

---

339 MEWS, C. J. *Abelard and Heloise*. Oxford: Oxford University Press, 2005.

sente não ter, ao menos na intenção;[340] enfim, há as palavras, aquelas que Heloísa pede a Abelardo: "palavras no lugar de coisas".[341] As normas de operação deste terceiro nível, estruturado pelas limitações postas pelos dois precedentes, são totalmente autônomas; o que conta aqui são as regras da linguagem, neste caso as regras retóricas mais do que as lógicas, que levam à construção da linguagem teológica abelardiana.

Todavia, nas cartas de Heloísa, junto a esta *trivalência* aparece uma segunda, desta vez não referida, como acontecia na anterior, ao sujeito do amor, mas ao fim da relação amorosa. De um lado, há o amor por Deus, aquele que Heloísa sente, e em mais de uma ocasião, diz não ter ou não considerar fundamental, ao menos nas primeiras duas cartas; junto a isso, coloca o amor pelas coisas materiais, a riqueza, o dinheiro, o prazer puro, ao qual Heloísa diz jamais ter se rendido. Enfim, há uma terceira forma de amor, aquele por Abelardo, que Heloísa considera puro na intenção:

> *Tu sabes; eu, que pequei muito* (plurimum nocens), *sou completamente inocente* (plurimum sum innocens). *O crime não está, de fato, no efeito da ação*

---

340 *Cf.* Heloisa, Lettera quarta, *in* Abelardo, *Lettere di Abelardo e Eloisa*, cit., p. 130-131. "Em qualquer lugar a que me volte, aquelas vontades se mostram sempre a meu olhar e também a meu desejo. Estas visões não me poupam nem mesmo quando durmo. Até durante a solenidade da missa, quando a prece deve ser mais pura, as imagens obscenas daquelas vontades tomam posse da minha infelicíssima alma a ponto de eu pensar mais nos prazeres sensuais do que na oração. Suspiro pelo que não pude ter, em vez de me doer pelo que cometi".
341 *Cf.* Heloisa, Lettera seconda, *in* Abelardo, *Lettere di Abelardo e Eloisa*, cit., p. 110.

(rei effectus), *mas no sentimento que anima aquele que age* (efficientis affectus). *A justiça não julga a ação, mas o ânimo com o qual ela é feita. A justiça julga não a ação, mas o ânimo com que ela se cumpriu. Apenas tu, que o experimentou, é que podes julgar* (solus qui expertus es iudicare potes) *que sentimentos eu tive sempre por ti. Submeto tudo a teu exame, submeto-me em tudo a teu juízo.*[342]

Agora esta dialética a três, diversamente da apontada antes, não funciona, apesar de que, neste caso, também a avaliação da ação recaia aparentemente por completo no *terceiro nível* da *trivalência* (representado pelo juízo de Abelardo, evidente pelo *ut nosti* e pelo sucessivo *solus qui expertus es iudicare potes*). Há, porém, um sinal que não tem aparente coerência: é a oposição, ou melhor, a contradição, entre *nocens* e *innocens*,[343] que remonta à contradição de fundo do sistema abelardiano, e que se refere à *dupla normatividade* a que se reconduz todo o âmbito da ação humana. Entram em jogo novamente os dois níveis, *subjetivo* e *objetivo*, relembrados anteriormente, e a impossibilidade de mantê-los em harmonia no âmbito ético. Seria possível dizer que a *inocência* de Heloísa se coloca no nível da *intenção*, enquanto as

---
342 *Ibid.*, p. 109.
343 As primeiras duas cartas de Heloisa (que são a *segunda* e a *quarta* do *Epistolário*) apresentam em mais pontos este contraste, sob outras formas; *cf.* Heloisa, Lettera seconda, in *Abelardo, Lettere di Abelardo e Eloisa, cit.*, p. 110: "Não devo esperar nada de Deus para este meu sofrimento; até agora não cumpri nada por Seu amor, mas segui a ti, que te apressavas em direção a Deus, ou melhor, caminhavas para vestir o hábito de monge".

consequências ruins se encontram no nível da ação, que, segundo a *Ethica* de Abelardo, não é relevante na avaliação moral. Em uma outra passagem do *Epistolário*, todavia, Heloísa utiliza estas palavras a propósito da ação do Diabo:

> Satã estendeu sua natural malícia até nós. Tentou abater com o matrimônio aquele que não pôde fazer cair com a luxúria; o Diabo, ao qual não foi permitido obter o mal pelo mal, usou o bem para obter o mal. Deus me concedeu ao menos esta graça; o tentador não me arrastou para a culpa com o meu consentimento [...] mesmo se as minhas ações lhe serviram para cumprir seus maus desígnios. Mas se *a* inocência *das minhas* intenções *impede que meu ânimo seja maculado e que eu possa ser acusada de ter* consentido *este crime, entretanto, no passado, cumpri muitos pecados, e estes não permitem que eu seja totalmente* inocente *da acusação deste delito*.[344]

Como anteriormente a contradição era estruturada em torno ao binômio *nocens/innocens*, agora ela nasce da contraposição entre *innocentia* e *culpa*; como é possível falar de *culpa* e, portanto, de pecado sem a presença do *consenso*? Heloísa mostra aqui, com suas palavras, um nó crucial e problemático do sistema abelardiano, demonstrando, talvez involuntariamente, sua fragilidade, mas sobretudo com suas referências à ação do Diabo, abre espaço a

---

344 *Cf.* Heloisa, Lettera quarta, *in* Abelardo, *Lettere di Abelardo e Eloisa, cit.*, p. 129 (itálicos meus).

um problema de enorme importância, que está em todo o discurso conduzido nestas últimas páginas: qual nível de liberdade se concebe às decisões do homem no próprio agir? Problema não apenas ético mas também ontológico, à luz do qual todo o sistema abelardiano poderia ser reconsiderado, ao menos em sua relação entre teologia e ética. Uma citação a esta dialética complexa entre ação do Diabo, plano divino e papel do homem fica muito evidente nas palavras que Abelardo dedica a Judas em *Dialogus*, no qual a contraposição *nocens/innocens*, proposta por Heloísa, parece traduzir-se na contraposição *bonum* e *bene*:

> *Lembre-se de que nosso Senhor Jesus foi entregue às mãos dos judeus por sua própria iniciativa, seja por obra de Deus Pai, seja por obra de Judas; de fato, diz-se que o pai entregou o Filho, o Filho entregou a si mesmo e Judas também, e que o Diabo e Judas fizeram, portanto, neste caso a mesma coisa que Deus fez. E se por acaso parece que fizeram algo de "bom", todavia não se deve dizer que fizeram o "bem".*[345]

Judas, e no fundo também os perseguidores de Cristo, fizeram algo de bom seja em relação ao *nível*

---

345 Pedro Abelardo, *Dialogo fra un filosofo, un giudeo e un cristiano*, cit., p. 287-289. É possível colocar em relação estas afirmações com o que Abelardo diz a propósito da ação dos perseguidores de Cristo e dos mártires: "Assim nós dizemos que pecaram por obra aqueles que perseguiram Cristo ou os cristãos, que aqueles acreditavam dever perseguir; eles, todavia, teriam pecado mais gravemente por culpa se os tivessem poupado, contra sua própria consciência" (Pedro Abelardo, *Ethica*, cit., p. 103).

objetivo – a sua ação se insere na reverberação do plano divino da realidade, não esqueçamos que eles *querem o que Deus quer*[346]–, seja em relação ao *nível subjetivo* (ao menos pelo que tange aos perseguidores de Cristo) – porque agiram segundo uma intenção reta, não esqueçamos que "acreditavam agradar a Deus".[347] Todavia, as suas ações *boas* não foram feitas *bem*, o que é explicável, se bem que de forma oposta para os dois casos diversos, com base na contradição entre os dois níveis de *normatividade* (a que se refere o discurso abelardiano), coerente apenas enquanto sua direção é idêntica. As duas ações são consideradas *boas* porque se inserem no plano divino; todavia, enquanto, no caso dos perseguidores de Cristo, uma intenção reta gera um pecado, no caso de Judas, uma intenção não reta determina uma boa ação; a oposição entre as duas *normatividades* e entre os respectivos fundamentos do juízo faz com que o elemento negativo prevaleça e determina a condenação, não justificável com base em uma pura referência à moral da intenção:

> *Se então admitimos que o Senhor permite que o Diabo interfira contra os santos assim como contra os ímpios, é evidente, sem dúvida, que Ele o permite com fins ao bem, porque é bom que seja permitido, e que, porém, o Diabo*

---

346 Cf. *Ibid.*, p. 289: "Ou se tivessem feito isso e tivessem querido que acontecesse o que Deus quer que aconteça, e tivessem tido no agir a mesma vontade de Deus, mesmo assim não ser deveria absolutamente afirmar, por isto, que agem bem porque fazem o que Deus quer, ou que têm uma boa vontade porque querem o que Deus quer".
347 Cf. Pedro Abelardo, *Ethica, cit.*, p. 95.

faz apenas o mal, que é bom que seja feito: se acontece, portanto, é porque há na base uma causa, que é racional, mesmo se a nós é ignota.[348]

---

348 Pedro Abelardo, *Dialogo fra un filosofo, un giudeo e un cristiano*, cit., p. 291 (itálicos meus); é evidente a conexão com as palavras de Sl 35,7 citadas na *Ethica* (*cf*. Pedro Abelardo, *Ethica*, cit., p. 101); veja também as páginas 80-81 do presente texto.

Referências

Obras em língua original (com indicação das principais traduções italianas)

BOYER, B. B.; McKEON, R. P. (Ed.). *Sic et non.* Chicago; Londres: The University of Chicago Press: 1976-1977.

BURNETT, C. S. F. (Ed.). Peter Abelard. Soliloquium: a critical edition. *Studi Medievali*, Spoleto, v. 25, n. 2, p. 857-894, 1984.

BURNETT, C. S. F. (Ed.). *Confessio fidei ad Heloisam, in*
_____. Abelard's Confessio fidei ad Heloisam: a discussion and critical edition of the Latin and Medieval French version. *Mittellateinisches Jahrbuch*, Stuttgart, v. 21, p. 147-155, 1986 [Traduções italianas: SCERBANENCO, C. (Ed.). *Abelardo, Lettere di Abelardo e Eloisa*. Milão: Rizzoli, 2002; PAGANI, I. (Ed.)., *Abelardo ed Eloisa, Epistolario*. Turim: Utet, 2004].

_____. Peter Abelard, Confessio fidei "Universis": a critical edition of Abelard's reply to accusations of heresy. *Mediaeval Studies*, Toronto, v. 48, p. 111-138, 1986.

BUYTAERT, E. M. (Ed.). "Apologia contra Bernardum", *in* _____. *Petri Abaelardi Opera theologica I.* Turnhout: Brepols, 1969, p. 342-368. C.C.C.M. 11.

BUYTAERT, E. M. (Ed.). "Commentaria in Epistolam Pauli ad Romanos", *in* BUYTAERT, E. M. (Ed.). *Petri Abaelardi Opera theologica I*. Turnhout: Brepols, 1969, p.1-340. C.C.C.M. 11.

BUYTAERT, E. M; MEWS, C. J. (Ed.). "Theologia Christiana", *in* _____. *Petri Abaelardi opera theologica II*. Turnhout: Brepols, 1969, p. 1-371. C.C.C.M. 12.

_____. "Theologia 'Scholarium'", *in* _____. *Petri Abaelardi Opera theologica III*. Turnhout: Brepols, 1987, p. 203-549. C.C.C.M. 13. [Tradução italiana do Livro III de S. P. Bonanni *in* Abelardo, *Teologia "degli scolastici"*. Roma: Editrice Pontificia Università Gregoriana, 2004].

_____. "Theologia 'Scholarium' (recensiones breviores)", *in* _____. *Petri Abaelardi Opera theologica II*. Turnhout: Brepols, 1969, p. 373-451. C.C.C.M. 12.

BUZZETTI, S. (Ed.). *Sententie magistri Petri Abelardi (Sententie Hermanni)*. Florença: La Nuova Italia, 1983.

DAL PRA, M. (Ed.). "Editio super Porphyrium, Glossae in Categorias, Editio super Aristotelem De interpretaztione, De divisionibus", *in* _____. *Pietro Abelardo, Scritti di logica*. Florença: La Nuova Italia, 1969. Pubblicazioni dell'Istituto di storia dela filosofia dell'Università degli studi di Milano, vol. III.

_____."Logica 'Ingredientibus', Super topica Glossae", *in* _____. *Pietro Abelardo, Scritti di logica*. Florença: La Nuova Italia, 1969. Pubblicazioni dell'Istituto di storia dela filosofia dell'Università degli studi di Milano, III.

DE RIJK, L. M. (Ed.). *Dialectica*. Assen: Van Gorcum, 1970.

GEYER, B. (Ed.). "Logica 'Ingredientibus', Glossae super Porphyrium", *in* _____. *Peter Abelards Philosophische Schriften*. BGPTM 21.1, 1919.

_____. "Logica 'Ingredientibus', Glossae super Praedicamenta Aristotelis", *in* GEYER, B. (Ed.). *Peter Abelards Philosophische Schriften*. BGPTM 21.2, 1923.

_____. "Logica 'Nostrorum petitioni sociorum', Glossulae super Porphyrium", *in* GEYER, B. (Ed.). *Peter Abelards Philosophische Schriften*. BGPTM 21.4, 1973.

ILGNER, R. M. (Ed.). "Scito te ipsum". *Petri Abaelardi opera theologica IV*. Turnhout: Brepols, 2001. C.C.C.M. 190. [Traduções italianas: DAL PRA, M. (Ed.). Florença: La Nuova Italia, 1976, com texto latino no apêndice. Nova edição por PARODI, M.; ROSSINI, M. (Ed.). Milão: Bruno Mondadori, 1995; BROCCHIERI, Mariateresa Fumagalli Beonio. Milão: Mimesis, 2014].

LUSCOMBE, D. E. (Ed.). *Scito te ipsum (Ethica)*. Oxford: Clarendon Press, 1971.

LUSCOMBE, D. E.; Barrow, J.; BURNETT, C.; KEATS-ROHAN, K. S. B.; MEWS, C. J. (Ed.). *Petri Abaelardi Opera theologica VI*. Turnhout: Brepols, 2006.

MARENBON, J.; ORLANDI, G. (Ed.). *Collationes*. Oxford: Clarendon Press, 2001 [com tradução inglesa à frente].

McLAUGHLIN, T. P. (Ed.). Epistola 8. Abelard's rule for religious women. *Mediaeval Studies*, Toronto, v. 18, p. 241-292, 1956. [Traduções italianas: SCERBANENCO,

C. (Ed.)., *Abelardo, Lettere di Abelardo e Eloisa*. Milão: Rizzoli, 2002; PAGANI, I. (Ed.). *Abelardo ed Eloisa, Epistolario*. Turim: Utet, 2004].

MONFRIN, J. (Ed.). *Pierre Abélard. Historia calamitatum*. Paris: Vrin, 1979. [Traduções italianas: TRUCI, N. Cappelletti. *Abelardo ed Eloisa, Lettere*. Turim: Einaudi, 1979; SCERBANENCO, C. *Abelardo, Lettere di Abelardo e Eloisa*. Milão: Rizzoli, 2002; PAGANI, I. (Ed.). *Abelardo ed Eloisa, Epistolario*. Turim: Utet, 2004].

MORIN, P. *La psicologia di Abelardo e il "Tractatus de intellectibus"*. Paris: Vrin, 1994 [com tradução francesa à frente].

MUCKLE, J. T. (Ed.). *Epistolae 2-5, in* _____. The Personal Letters between Abelard and Heloise. *Mediaeval Studies*, Toronto, v. 15, p. 47-94, 1953. [Traduções italianas: TRUCI, N. Cappelletti. (Ed.). *Abelardo ed Eloisa, Lettere*. Turim: Einaudi, 1979; SCERBANENCO, C. (Ed.). *Abelardo, Lettere di Abelardo e Eloisa*. Milão: Rizzoli, 2002; ·PAGANI, I. (Ed.). *Abelardo ed Eloisa, Epistolario*. Turim: Utet, 2004].

_____. Epistolae 6-7. The letters of Heloise on religious life and Abelard's First Reply. *Mediaeval Studies*, Toronto, v. 17, p. 240-281, 1955. [Traduções italianas: TRUCI, N. Cappelletti (Ed.). *Abelardo ed Eloisa, Lettere*. Turim: Einaudi, 1979; C. SCERBANENCO, C. (Ed.). *Abelardo, Lettere di Abelardo e Eloisa*. Milão: Rizzoli, 2002; PAGANI, I. (Ed.). *Abelardo ed Eloisa, Epistolario*. Turim: Utet, 2004].

OSTLENDER, H. (Ed.). "Theologia 'Summi boni'", BGPTM 35.2-3, 1939, *in* BUYTAERT, E. M.; MEWS, C. J. (Ed.). *Petri Abaelardi opera theologica III.* Turnhout: Brepols, 1987, p. 39-201. C.C.C.M. 13 [Tradução italiana de M. Rossini *in Abelardo, Teologia del Sommo bene.* Milão: Rusconi, 1996 com texto latino à frente].

OTTAVIANO, C. *Un opuscolo inédito di Abelardo: Glossae super Porphyrium secundum vocals.* Florença: Olschki, 1933, p. 95-207. Fontes Ambrosiani, III.

ROMIG, M.; LUSCOMBE, D. E.; BURNETT, C. (Ed.). "Expositio in Hexameron", *in* _____. *Petri Abaelardi opera theologica V.* Turnhout: Brepols, 2004. C.C.C.M. 15.

SANTIS, Paula di. (Ed.). *Sermones,* P.L. 178, 379-610, *in* _____. *I sermoni di Abelardo per le monache del Paracleto.* C.C.C.M. 14.

SMITS, E. R. (Ed.). *Epistolae 9-14, Peter Abelard. Letters IX-XIV.* Groningen: Rijksuniversiteit, 1983. [Tradução italiana parcial de I. Pagani *in Abelardo ed Eloisa, Epistolario.* Turim: Utet, 2004].

THOMAS, R. (Ed.). *Dialogus inter philosophum, Iudaeum et Christianum.* Stuttgart: Bad Cannstatt, 1970 [tradução italiana de TROVÒ, C. Milão: Rizzoli, 1992, com texto latino à frente]

ULIVI, L. Urbani. *Tractatus de intellectibus.* Roma: Edizioni di Storia e Letteratura, 1976, p. 103-127.

Anais de congresso e obras coletivas

BUYTAERT, E. M (Ed.). *Peter Abelard. Proceedings of International Conference. Louvain, 10-12 mai. 1971.* Louvain: Leuven University Press, 1974. Medievalia Lovaniensia, Serie I/Studia II.

DAL PRA, M.; BROCCHIERI, M. F. B. (Ed.). Ricerche sul pensiero di Pietro Abelardo (1079-1142). *Rivista critica di storia della filosofia*, Florença, v. 34, 1979. Número monográfico.

GANDILLAC, M. de (Ed.). *Abélard. Le "Dialogue". La philosophie de la logique.* Actes du coloque de Neuchâtel, 16-17 nov. 1979. Genebra; Lausanne; Neuchâtel, 1981.

JOLIVET J. (Ed.). *Abelard en son temps.* Actes du coloque international organisé à l'occasion du 9e centenaire de la naissance de Pierre Abélard, 14-19 mai. 1979. Paris: Le Belles Lettres, 1981.

LOUIS, R.; JOLIVET, J.; CHÂTILLON, J. (Ed.). *Pierre Abélard, Pierre le vénérable. Les Courants philosophiques, littéraires et artistiques en occident au milieu du 12. siècle. Abbaye de Cluny, 2-9 jul. 1972.* Paris: Éditions du C.N.R.S., 1975.

THOMAS R. (ed.), *Petrus Abelardus (1079-1142). Person, Werk und Wirkung.* Trier: Paulinus Verlag, 1980. Trier Theologische Studien, 38.

Estudos sobre as datações das obras

MEWS C. J. On dating the works of Peter Abelard. *Archives d'histoire doctrinale et littéraire du Moyen Âge*, Paris, v. 52, p. 73-134, 1985.

_____. Peter Abelard's "Theologia Christiana" and "Theologia Scholarium" re-examined. *Recherches de théologie ancienne et medievale*, Louvain, v. 52, p. 109-158, 1985.

_____. The development of the "Theologia" of Peter Abelard, *in* THOMAS, R. (Ed.). *Petrus Abaelardus (1079-1142): Person, Werk und Wirkung*. Trier: Paulinus Verlag, p. 183-198, 1980.

_____. The "Sententie" of Peter Abelard. *Recherches de théologie ancienne et medievale*, Louvain, v. 53, p. 130-184, 1986.

Estudos gerais

BALLANTI, G. *Pietro Abelardo: la rinascita scolastica del XII secolo*. Florença: La Nuova Italia, 1995.

BLACKWELL, D. F. *Non-ontological Constructs. The effects of Abelard's logical and ethical theories on his theology: a study in meaning and verification*. Berna: Peter Lang, 1988.

BROCCHIERI, Mariateresa Fumagalli Beonio. *Introduzione a Abelardo*. Roma; Bari: Laterza, 1988.

BROWER, J. E.; GUILFOY, K. (Ed.). *The Cambridge Companion to Abelard*. Cambridge: Cambridge University Press, 2004.

CLANCHY, M. T. *Abelard. A medieval life*. Oxford: Blackwell, 1998.

JOLIVET, J. *Abelardo. Dialettica e mistero*. Milão: Jaca Book, 1996.

_____. *Arts du langage et théologie chez Abélard*. Paris: Vrin, 1969.

KOLMER, L. *Abaelard. Vernunft und Leidenschaft*. Munique: Paderborn, 2008.

LUSCOMBE, D. E., *The school of Peter Abelard. The influence of Abelard's thought in the early scholastic period*. Cambridge: Cambridge University Press, 1969.

MARENBON, J. *The philosophy of Peter Abelard*. Cambridge: Cambridge University Press, 1997.

MEWS, C. J. *Abelard and Heloise*. Oxford: Oxford University Press, 2005.

WEINGART, R. E. *The logic of divine love. A critical analysis of soteriology of Peter Abelard*. Oxford: Clarendon University Press, 1970.

Estudos sobre as doutrinas lógicas

BROCCHIERI, Mariateresa Fumagalli Beonio. *La logica di Abelardo*. Florença: La Nuova Italia, 1964 (1969).

DAL PRA, M. Sul nominalismo di Abelardo. *Rivista critica di storia della filosofia*, Florença, v. 34, p. 439-451, 1979.

DE RIJK L. M. *La signification de la proposition ('dictum propositionis') chez Abélard*, in LOUIS, R.; JOLIVET, J.;

CHÂTILLON, J. (Ed.). *Pierre Abélard, Pierre le vénérable...* Paris: Éditions du C.N.R.S., 1975, p. 547-555.

_____. Peter Abelard's semantics and his doctrine of being. *Vivarium*, Leiden, v. 24, p. 85-127, 1986.

IWAKUMA Y. "Pierre Abèlard et Guillaume de Champeaux dans le première annés du XIIe siècle", *in* BIARD, J. (Ed.). *Langage, sciences, philosophie au XIIe siècle.* Paris:Vrin, 1999, p. 93-123.

JOLIVET J., *Aspects de la pensée medieval: Abélard. Doctrine de langage.* Paris:Vrin, 1987.

_____. Trois variations médiévales sur l'universale et l'individu: Roscelin, Abélard, Gilbert de la Porrée. *Revue de métaphysique et de morale*, Paris, v. 97, p. 111-155, 1992.

MARENBON J. "Abélard, la predication et le verbe 'etre'", *in* BIARD, J. (Ed.). *Langage, sciences, philosophie au XIIe siècle.* Paris:Vrin, 1999, p. 199-215.

PINZANI, R. Oggetto e significato nella dialettica di Abelardo. *Medioevo*, Pádua, v. 17, p. 135-174, 1991.

_____. *La grammatica logica di Pietro Abelardo.* Parma: Dipartimento di Filosofia dell'Università di Parma, 1995.

ROSIER-CATACH, I. "La notion de *translatio*, le principe de compositionalité et l'analyse de la prédication accidentelle chez Abélard", *in* BIARD, J. (Ed.). *Langage, sciences, philosophie au XIIe siècle. Langage, sciences, philosophie au XIIe siècle.* Paris: Vrin, p. 125-164.

TWEEDALE, M. M. *Abailard on Universal.* Amsterdã; Nova Iorque; Oxford: North-Holland Publishing Company, 1976.

WENIN, C. La signification des universaux chez Abèlard. *Revue philosophique de Louvain*, Louvain, v. 80, p. 414-448, 1982.

Estudos sobre a ética

BLOMME, R. A propos de la definition de péché chez Abélard. *Ephemerides Theologicae Lovanienses*, Louvain, v. 33, p. 319-347, 1957.

DE RIJK, L. M. Abelard and moral philosophy. *Medioevo*, Pádua, v. 12, p. 1-27, 1986.

DE GANDILLAC M., *Inntention et loi dans l'ethique d'Abélard*, in LOUIS, R.; JOLIVET, J.; CHÂTILLON, J. (Ed.). *Pierre Abélard, Pierre le vénérable...* Paris: Éditions du C.N.R.S., 1975, p. 585-608.

HUNT, T. Abelardian Ethics and Béroul's Tristan. *Romania*, Santa Barbara, CA, v. 98, 1977, p. 501-539.

MARENBON, J. "Abelard's ethical theory. Two definitions from the 'Collationes'", *in* WESTRA, Haijo Jan (Ed.). *From Athens to Chartres. Neoplatonism and medieval thought: studies in honour of Edouard Jeauneau.* Leiden: E. J. Brill, 1992.

Estudos sobre a teologia

BONANNI, S. P. *Parlare della trinità. Lettura della Theologia Scholarium di Abelardo.* Roma: Editrice Pontificia Università Gregoriana, 1996. (Analecta

Gregoriana 268 Series Facultatis Theologiae sectio B., n. 91).

COTTIEAUX, J. La conception de la théologie chez Abélard. *Revue d'histoire ecclésiastique*, Louvain, v. 28, p. 247-295; 533-551; 788-828, 1932.

CROCCO, A. *Antitradizione e metodologia filosófica in Abelardo*. Nápoles: Empireo, 1971.

_____. La metodologia filosofica in Abelardo. *Sapienza*, Nápoles, v. 24, 1971, p. 257-269.

GREGORY, T. *Considérations sur "ratio" et "natura" chez Abélard*, in LOUIS, R.; JOLIVET, J.; CHÂTILLON, J. (Ed.). *Pierre Abélard, Pierre le vénérable*, Paris: Éditions du C.N.R.S., 1975, p. 569-581 [também *in* GREGORY, T. *Mundana sapientia. Forme di conoscenza nella cultura medievale*. Roma: Edizioni di Storia e Letteratura, 1992, p. 201-217].

MARTELLO, C. *Pietro Abelardo e la riscoperta della filosofia. Percorsi intellettuali nel XII secolo tra teologia e cosmologia*. Roma: Aracne, 2008.

ROSSINI, M. Teologia della creazione o teologia della conoscenza: riflessioni sulla teologia debole di Abelardo. *Rivista di storia della filosofia*, Milão, v. 61, p. 67-91, 2006.

Estudos sobre as críticas à teologia de Abelardo

BUYTAERT, E. M. Thomas of Morigny and the Theologogia "Scholarium" of Abelard. *Antonianum*, Pádua, v. 40, p. 71-95, 1965.

JOLIVET, J. Sur quelques critiques de la théologie d'Abèlard. *Archives d'histoire doctrinale et littéraire du Moyen Âge*, Paris, v. 30, p. 7-51, 1963.

KLIBANSKY, P. Peter Abailard and Bernard of Clairvaux. A letters by Abailard. *Medieval and Renaissance studies*, Los Angeles, v. 5, p. 1-27, 1961.

LECLERCQ, J. Les formes successives de la Lettre-traité de Saint Bernard contre Abélard. *Revue Bénédictine*, Abbaye de Maredsous, v. 78, p. 87-105, 1968.

MEWS, C. J. The Council of Sens (1141): Abelard, Bernard, and the Fear of Social Upheaval. *Speculum*, Chicago, v. 77, p. 342-382, 2002.

REVIERE, J. Les "capitula" d'Abélard condamnés au concilie de Sens. *Recherches de théologie ancienne et medievale*, Louvain, v. 5, p. 5-22, 1933.

TOMASIC, T. M. William of St. Thierry against Peter Abelard. A dispute on the meaning of being a person. *Analecta Cisterciensia*, Heiligenkreuz, v. 28, p. 3-76, 1972.

VERGER J.; JOLIVET, J. *"Bernard-Abélard" ou le cloître et l'école*. Paris: Fayard-Mame, 1982. [Tradução italiana de M. R. Pecorara. Milão: Jaca Books, 1989].

Estudos sobre a correspondência com Heloísa

BENTON J. F. A reconsideration of the authenticity of the correspondence of Abelard and Héloïse, in *Petrus Abaelardus (1079-1142): Person, Werk und Wirkung*. Trier: Paulinus Verlag, p. 41-52.

_____. Fraud, fiction and borrowing in the correspondence of Abelard and Héloïse, *in* LOUIS, R.; JOLIVET, J.; CHÂTILLON, J. (Ed.). *Pierre Abélard, Pierre le vénérable...* Paris: Éditions du C.N.R.S., 1975, p. 469-511.

_____. The style of the "Historia calamitatum": a preliminary test of the authenticity of the correspondence attributed to Abelard and Héloïse. *Viator*, Los Angeles, v. 6, 1975, p. 59-86.

BROCCHIERI, Mariateresa Fumagalli Beonio. *Eloisa e Abelardo. Parole al posto di cose*. Milão: Mondadori, 1984.

DAL PRA, M. *Idee morali nelle lettere di Eloisa*. Rivista critica di storia della filosofia, Florença, v. 3, p. 123-128, 1948.

DRONKE, P. *Abelard and Heloise in Mediaeval Testimonies*. Glasgow: University of Glasgow Press, 1976.

GILSON, E. *Héloïse et Abélard*. Paris: Vrin, 1938. [Tradução italiana de G. Cairola. Turim: Einaudi, 1950].

LOBRICHON, G. *Héloïse. L'amour et le savoir*. Paris: Gallimard, 2005. [Tradução italiana de A. Piovanello. Roma: Donzelli, 2005].

MONFRIN J., *Le problem de l'authenticité de la correspondance d'Abélard et d'Héloïse*, in LOUIS, R.; JOLIVET, J.; CHÂTILLON, J. (Ed.). *Pierre Abélard, Pierre le vénérable...* Paris: Éditions du C.N.R.S., 1975, p. 409-424.

VON MOSS, P. *Le silence d'Héloïse et les idéologie modernes*, in LOUIS, R.; JOLIVET, J.; CHÂTILLON, J. (Ed.). *Pierre Abélard, Pierre le vénérable...* Paris: Éditions du C.N.R.S., 1975, p. 425-468.

ZERBI, P. *Abelardo ed Eloisa: il problema i un amore e di una corrispondenza*, in HOECKE, W. van; A. WELKENHUYSEN (Ed.). *Love and marriage in the XIIth Century*. Louvain: University Press, 1981, p. 130-161.

Índice onomástico

A

Agostinho – 69, 113, 123, 137, 149, 163

Ambrósio – 69

Anselmo d'Aosta – 133, 140, 177

Anselmo de Laon – 191

Aristóteles – 37, 46, 55, 68, 121, 151, 181, 190

Astrolábio – 22

Averróis – 123

Avicena – 123

B

Babolin, Albino – 170

Ballo, Edoardo – 198

Barni, Jules – 178

Brocchieri, Mariateresa Fumagalli Beonio – 24, 28, 41, 43, 60, 188, 193, 194

Berengário – 11

Bernardo de Claraval – 16, 148, 168, 169, 170, 171, 172, 173, 174

Beschin, Giuseppe – 137

Boécio, Anício Mânlio Torquato Severino – 35, 37, 38, 46, 53, 121, 130, 138, 146, 190

Bonanni, Sergio Paolo – 134

Boyer, Blanche Beatrice – 147

Brandt, Samuel – 46

Brucker, Johann Jakob – 176

Bultot, Robert – 148

Buytaert, Eligius M. – 135, 138, 174

C

Cairola, Giovanni – 25

Calcídio – 123, 130

Cappelletti Truci, Nada – 17

Cícero – 69, 123, 141, 164

Colli, Giorgio – 151

Cottiaux, Jean – 185, 186, 187, 188, 191

Cousin, Victor – 176, 177, 178, 179, 181, 184, 190

Crocco, Antonio – 178

Cuniberto, Flavio – 43

D

D'Amboise, François – 175

Dal Pra, Mario – 68, 75, 85, 188, 198

De Ghellinck, Joseph – 187

De Rémusat, Charles – 179, 184

De Rijk, Lambertus Marie – 35, 188

Del Torre, Maria Assunta – 184

Dronke, Peter – 24

Duschesne, André – 175

E

Eco, Umberto – 134, 135

Evans, Gillian R. – 128

F

Franchella, Miriam – 198

Fulberto – 13, 21, 22

G

Gilson, Etienne – 24, 25, 183, 184, 185

Grabmann, Martin – 182

Gregório Magno – 69

Gualtério de Mortagne – 168

Guilherme de Champeaux – 11, 12, 45, 47, 50, 177

Guilherme de Ockham – 183

Guilherme de Saint-Thierry – 16, 167, 168, 170, 171, 172, 173, 174, 189

H

Heloísa – 13-15, 17, 21-31, 68, 106, 191, 192, 199-203

Horácio – 69

I

Isidoro de Sevilha – 163

J

João de Salisbury – 16

Jolivet, Jean – 41, 47, 73, 109, 123, 146, 169, 170, 171, 188, 189, 193

K

Kaiser, Emile – 181

Kant, Immanuel – 181

L

Ladrière, Jean – 148

Leclercq, Jean – 148

Limentani, Ludovico – 181

Luscombe, David E. – 24, 68, 69, 71, 76

M

Macróbio – 130, 155

Maioli, Bruno – 46

Marenbon, John – 190, 191

Martello, Concetto – 113

McKeon, Richard Peter – 147

Mews, Constant – 15, 16, 17, 89, 135, 151, 191, 192, 199

Monfrin, Jacques – 24

Morin, Patrick – 61

Morren, Lucien – 148

O

Orlandi, Giovanni – 24

Otto de Freising – 168

Ottaviano, Carmelo – 186

Ovídio – 69

P

Parodi, Massimo – 11, 68, 69, 140, 198

Pedro, o Venerável – 16

Petrarca, Francesco – 22

Pinborg, Jan – 43

Platão – 46, 112, 114, 123, 130, 131, 141

Porfírio – 35, 37, 45, 46, 53, 121, 138, 190

Portalié, Eugène – 183, 186

R

Rochais, Henri – 148

Roscelino de Compiègne – 114, 176, 177, 179

Rossini, Marco – 11, 28, 68, 69, 111, 114, 140

S

Scerbanenco, Cecilia – 12

Sêneca – 69

Sócrates – 48, 52, 56, 57, 58, 79, 123, 126, 178

Spinelli, Mario – 173

Suger de Saint-Denis – 15

T

Talbot, Charles H. – 148

Thomas, Rudolf – 70

Tomás de Aquino – 180

Tomás de Morigny – 168

Tosti, Luigi – 179, 180

Trovò, Cristina – 70, 90

V

Vacandart, Elphège – 177

Vignaux, Paul – 183

Virgílio – 69

Von Prantl, Carl – 181

W

Waszink, Jan Hendrik – 123

Z

Zerbi, Pietro – 24

Esta obra foi composta em CTcP
Capa: Supremo 250g – Miolo: Pólen Soft 80g
Impressão e acabamento
Gráfica e Editora Santuário